戒毒人员法律知识问答

主　编：叶小琴
副主编：刘幸平　刘　巍
组织编写单位：
武汉市司法局
武汉大学法学院与武汉市司法局何湾强制隔离戒毒所共建教学实践基地

法律出版社
LAW PRESS·CHINA
北京

图书在版编目(CIP)数据

戒毒人员法律知识问答 / 叶小琴主编 ；武汉市司法局，武汉大学法学院与武汉市司法局何湾强制隔离戒毒所共建教学实践基地组织编写. -- 北京 ：法律出版社，2022

ISBN 978 -7 -5197 -6983 -3

Ⅰ. ①戒… Ⅱ. ①叶… ②武… ③…武 Ⅲ. ①禁毒－法律－中国－问题解答②戒毒－法律－中国－问题解答 Ⅳ. ①D922.145

中国版本图书馆 CIP 数据核字(2022)第 137284 号

戒毒人员法律知识问答
JIEDU RENYUAN FALÜ ZHISHI WENDA

叶小琴 主编
武汉市司法局 武汉大学法学院与武汉市司法局何湾强制隔离戒毒所共建教学实践基地 组织编写

责任编辑 黄倩倩
装帧设计 李 瞻

出版发行 法律出版社
编辑统筹 学术·对外出版分社
责任校对 王 丰
责任印制 陶 松
经　　销 新华书店

开本 A5
印张 8.25 **字数** 182 千
版本 2022 年 10 月第 1 版
印次 2022 年 10 月第 1 次印刷
印刷 三河市兴达印务有限公司

地址:北京市丰台区莲花池西里 7 号(100073)
网址:www.lawpress.com.cn
投稿邮箱:info@lawpress.com.cn
举报盗版邮箱:jbwq@lawpress.com.cn
销售电话:010－83938349
客服电话:010－83938350
咨询电话:010－63939796

书号:ISBN 978 -7 -5197 -6983 -3　　**定价**:60.00 元

作者简介

叶小琴　武汉大学法学院副教授

刘幸平　武汉市司法局何湾强制隔离戒毒所党委书记、所长

刘　巍　武汉市司法局何湾强制隔离戒毒所五大队教导员、所团委书记

陈月坤　北京市中伦(深圳)律师事务所律师

陈小艺　武汉大学法学院刑法学硕士研究生

贺振庭　上海联和投资有限公司法务助理

李　静　武汉大学法学院刑法学硕士研究生

雷明珠　武汉大学法学院法律硕士研究生

牛堉锦　湖北达讼律师事务所律师

王　洁　武汉大学法学院刑法学硕士研究生

王　伟　武汉大学法学院法律硕士研究生

杨弘毅　广东省深圳市龙华区司法局四级主任科员

序　　言

司法行政强制隔离戒毒，是指对吸毒成瘾严重人员，由司法行政部门设立强制隔离戒毒所执行为期两年的集生理脱毒、心理康复和社会回归为一体的一项行政强制戒毒措施。抓好司法行政戒毒工作，是建设更高水平平安武汉法治武汉的重要举措，也是推进市域社会治理现代化的必然要求。

戒毒人员既是违法者、也是受害者。帮助戒毒人员实现成功矫治，顺利回归社会，是司法行政戒毒系统承担的重要任务。其中，为戒毒人员提供公共法律服务，对保障戒毒人员合法权益、提升戒毒工作法治化水平，提升戒毒工作社会价值具有极大促进作用。

近年来，武汉市司法局何湾强制隔离戒毒所立足自身职能，在完善和创新戒毒管理方式上作出了积极探索，形成了一些有益经验。2017 年，何湾强制隔离戒毒所与武汉大学法学院共同成立了教学实践基地。5 年来，双方在学术交流、人员培训、禁毒宣传等方面深度合作，打造了“1 + N 禁毒教育公益联盟”等全市戒毒工作特色“名片”，得到了社会各界的广泛认可。《戒毒人员法律知识问答》（以下简称本书）聚焦戒毒人员回归社会后面临的常见法律问题,为其提供精准有效的法律服务指引,帮助其依法表达合理诉求和维护自身合法权益,以实现顺利融入社会。本书坚持问题导向、需求导向,是何湾强制隔离戒毒所在提升戒毒管理工作针对性、有效性和法治化水平方面,做出的努力尝试和积极实践,很多经验做法值得全市司法行政戒毒系统学习借鉴。

奋进新征程、建功新时代。全市司法行政戒毒系统要围绕推动戒毒管理工作高质量发展,在创新工作方法、提升工作质效上锐意进取、担当作为,牢牢守住戒毒工作底线,着力提升教育矫治质量,不断开创司法行政戒毒工作新局面,在打造新时代英雄城市、建设社会主义现代化武汉新征程中作出更大贡献。

武汉市司法局　彭国元

2022 年 8 月 5 日

前　言

禁毒宣传教育始终是我国禁毒法律和政策的重要内容。新中国成立后,我国长期实行以“禁绝毒品”为根本目标的禁毒政策。党的十八大以来以习近平同志为核心的党中央将禁毒工作提升到全新高度。习近平总书记从要求“坚持严打方针不动摇”到表明“不获全胜决不收兵”,从要求“保持对毒品的‘零容忍’”到强调“重点针对青少年等群体”,从要求“坚持源头治理、系统治理、综合治理、依法治理”到指出“综合采取禁吸、禁贩、禁种、禁制等措施”。20 世纪 70 年代至 90 年代,《刑法》、《麻醉药品管理办法》(已失效)、《精神药品管理办法》(已失效)等法律法规陆续施行,初步为规范打击涉毒违法犯罪行为提供了法律依据。此后,2005 年《易制毒化学品管理条例》、2007 年《禁毒法》、2011 年《戒毒条例》等法律法规陆续发布,构建了比较健全的禁毒法律体系。根据《禁毒法》第 4 条和第 11 条规定,我国现行禁毒方针是“预防为主,综合治理,禁种、禁制、禁贩、禁吸并举”;同时明确规定“国家采取各种形式开展全民禁毒宣传教育,普及毒品预防知识,增强公民的禁毒意识,提高公民自觉抵制毒品的能力。国家鼓励公民、组织开展公益性的禁毒宣传活动”。总之,禁毒宣传教育是“预防为主”禁毒方针的核心内容。

最有效的禁毒宣传教育措施在于,通过兼具专业性和通俗性的法律服务产品提升吸毒及戒毒人员依法维护权益的法治意识和法治能力。《戒毒条例》第 1 条及第 2 条规定,“帮助吸毒成瘾人员戒除毒瘾”,“戒毒工作坚持以人为本、科学戒毒、综合矫治、关怀救助的原则,采取自愿戒毒、社区戒毒、强制隔离戒毒、社区康复等多种措施,建立戒毒治疗、康复指导、救助服务兼备的工作体系”。因此,为戒毒人员提供法律服务,提供多种形式的法律服务产品是禁毒工作体系中“服务”要求的应有之义。当前吸毒及戒毒人员维护合法权益还面临现实的三重障碍:第一重障碍是对吸毒及戒毒人员不太友好的社会环境。在禁毒人民战争的社会环境中,社会各方面通常更加重视禁毒工作的绩效,对于吸毒及戒毒人员的隐性歧视仍然存在,帮助吸毒及戒毒人员依法维护合法权益的渠道并不顺畅。第二重障碍是禁毒法律法规显著的行政执法特征。禁毒法律法规主要属于行政法并以刑法作为补充,除了毒品犯罪相关的刑事诉讼外,禁毒法律基本不涉及具体诉讼或非诉讼业务,律师通常不钻研禁毒法律法规,所以除禁毒部门和专门的禁毒法律法规研究人员外,其他法律专业人员对于禁毒法律法规的了解程度也比较浅。第三重障碍是吸毒及戒毒人员自身情况。绝大部分吸毒人员及戒毒人员缺乏法律知识,虽然自身存在迫切的权利保护需求,但本人往往不明确该需求是否受法律保护以及具体获得法律保护的渠道,而且由于吸毒情况较为隐私,通常也不愿意向其他群体寻求法律服务。总之,前述三项因素的叠加效应导致吸毒人员对于戒毒法律法规的具体内容一知半解,戒毒人员对于戒毒措施影响自身合法权益的具体问题也没有合适的渠道获得法律服务。然而,吸毒及戒毒人员是一个人数较多的群体。根据国家禁毒委员会办公室发布的《2020 年中国毒情形势报告》,2020 年我国禁毒部门共查处吸毒人员 42.7 万人次,处置强制隔离戒毒 14.95 万人次,责令社区戒毒 9.9 万人次。因此,吸毒及戒毒人员权利保护的迫切需求和法律服务供给不足之间存在矛盾。如果吸毒及戒毒人员的合法权益不能得到有效保障,那么禁毒法律的实施效果也会受到消极影响,保障吸毒人员尤其是强制隔离戒毒人员合法权益是提升禁毒宣传教育效果的重要手段。

组织编写本书是开展公益性禁毒宣传活动的创新形式。当前的线上和线下禁毒宣传活动侧重于对毒品滥用危害后果的呈现和讲解、对禁毒法律的宣讲,欠缺对吸毒及戒毒人员的具体性和直接性法律服务。2017 年 6 月 28 日,武汉大学法学院与武汉市司法局何湾强制隔离戒毒所共建教学实践基地,充分结合法学科研单位的系统性理论成果和禁毒执法部门的丰富实践经验,积极创新禁毒宣传教育活动形式。两家单位联合社会各方共创“禁毒教育公益联盟”、开展针对强制隔离戒毒人员的志愿法律服务,支持社区戒毒康复工作指导站建设,组织中小学及大学在校学生参观戒毒所及禁毒展览馆,制作并在戒毒所播放禁毒宣传教育与法律服务普法系列视频,取得了良好的成效。秉持“吸毒成瘾人员依法戒毒,但更应保障其合法权益”的理念,两家共建单位通过自由访谈、法律咨询、法治讲座,并结合对于大型信息网络平台戒毒相关话题的内容分析等方式,全面收集并总结了戒毒人员的法律服务需求。前述教学实践活动,为两家单位合作撰写《戒毒人员法律知识问答》提供了丰富的素材和测试专业性、针对性及可读性的场景。

本书以戒毒人员面临的现实生活问题而并非权利的法律性质

为纽带,采取“专栏—话题—问题—回答—法律链接+资源链接”的体例,立足于法律服务,提出和解决问题的出发点都是读者的生活问题。首先,本书分为“房子”“票子”“孩子”“位子”“本子”“面子”六个专栏。“房子”专栏解答申请廉租(公租)房、赠与房产及继承时分割房产等问题;“票子”专栏解答还债、夫妻共同财产分割等问题;“孩子”专栏解答子女抚养相关问题;“位子”专栏解答工作相关问题;“本子”专栏解答办理证件、证明及信用卡等相关问题;“面子”专栏解答动态管控、社区戒毒等针对吸毒人员的管控及戒毒措施相关问题。其次,每个专栏包括若干话题。每个话题之下,逐个提出具体问题,并以生活化语言运用核心法律概念给出简短回答。最后,末尾视情附上法律链接。必要时,还给出相关案例以及政府机关电话等信息的资源链接。总之,本书“一站式”给出吸毒及戒毒人员自主依法维护合法权益的法律方案、法律根据和具体渠道,在为吸毒及戒毒人员答疑解惑的过程中也全面讲解我国的禁毒法律措施。因此,本书既是面向吸毒及戒毒人员的法律服务指南,也是对社会公众开展预防毒品滥用的法律教育读本。

最后,特别感谢武汉市司法局和武汉大学法学院领导、相关部门和工作人员对本书编写前期资料收集工作提供的便利条件,也衷心感谢武汉大学法学院硕士研究生高彩云、黄诗琪、张博雅、杨琳、林丹滢、唐冰洁同学及2021年春季选修犯罪学课程的本科生对本书初稿所作的贡献。十分感谢责任编辑专业的审稿意见。因为戒毒人员合法权益保障是一个外延广泛、与时俱进的话题,本书在编写过程中难免有纰漏和不足之处,恳请谅解!

编　者

2022年8月

目　　录

专栏一 “房子”

话题一　租房及赠房

问题 1　张三有吸毒史，是否可以申请廉租房或公租房？

回答：张三具有申请廉租房的资格。根据现有资料，未发现城市的廉租房政策针对有吸毒史的人员作出限制性规定。总体而言，无论是否有吸毒史，只要符合廉租房申请条件的就可以申请。

不过，公租房对于申请者身份限制较多。例如，广州市住房保障办公室、广州市来穗人员服务管理局 2017 年发布的《来穗务工人员申请承租市本级公共租赁住房实施细则》规定，来穗时间长、稳定就业的来穗务工人员，申请承租市本级公共租赁住房，须符合以下条件：申请人及共同申请的家庭成员没有犯罪记录及在申请之日前 5 年内没有公安机关作出的处以行政拘留、责令社区戒毒、强制隔离戒毒等治安违法记录。

—— 资 源 链 接 ——

新闻：禁毒社工[①]

2018 年“某某禁毒工作室”在江汉区北湖街中心戒毒社区成立。从此，杜某某带动下沉党员和禁毒管家、众多禁毒志愿者奋战在基层禁毒工作的第一线，团队发展壮大到 30 人，先后帮助 12 名吸毒人员

① 《爱奔跑的“最美禁毒社工”》，载微信公众号“湖北禁毒 hbncc”2021 年 6 月 22 日，http://mp. weixin. qq. com/s/EeuYYqt-zG_SslKfIlsBFw。

实现了再就业,帮助15名吸毒人员申请到廉租房、公租房,60次帮助吸毒人员申请临时救助。

问题2 吸毒人员张三想把自己的房子赠与其他人,如何办理手续?

回答:赠与房产需要双方签订书面赠与合同并办理过户手续。如果只有赠与合同,没有过户手续,但移交了产权证书的,也应认定有效,但后续仍须补办过户手续。

赠与房产需要缴税,如果是直系亲属之间的赠与以及赠与对其承担直接抚养和赡养义务的抚养人和赡养人的,不需要缴纳个人所得税,但仍须缴纳契税。

具体步骤如下:

(1)赠与双方签订房产赠与书面合同;

(2)双方当事人携房产所有权证、赠与合同,缴纳相关税费;

(3)办理公证(并非必要步骤);

(4)到不动产登记机关办理房产所有权转移登记手续。

—— 法律链接 ——

《民法典》(2021年1月1日起施行)

第六百五十七条　赠与合同是赠与人将自己的财产无偿给予受赠人,受赠人表示接受赠与的合同。

第六百五十九条　赠与的财产依法需要办理登记或者其他手续的,应当办理有关手续。

—— 资源链接 ——

税务局纳税服务热线:12366

国家税务总局武汉市税务局电话:027-85492111

问题3　戒毒人员张三的父亲在其强制隔离戒毒期间去世了，张三和张三的母亲是法定继承人，他们想把张三父亲留下的福利房直接过户给张三女儿，如何办理房产过户手续？

回答：首先，张三的母亲需要出具放弃遗产继承的书面声明，载明其放弃其遗产继承份额，房产完全由张三继承。然后，张三将房产赠与女儿并据此办理过户手续。赠与人张三与受赠人张三女儿，需要订立关于房产赠与的书面合同。需要特别注意的是，如果张三女儿不满18周岁，属于无民事行为能力或限制民事行为能力的未成年人，由其法定代理人即监护人代为行使权利。

赠与合同签订后，张三女儿或监护人凭原不动产权证、赠与合同，到房产所在地的税务机关缴纳契税，领取契税完税凭证。最后张三与其女儿，持原不动产权证、赠与合同、契税完税凭证及两人的身份证明到房产管理机关申请办理所有权转移登记，领取新的不动产权证。

——法律链接——

《民法典》(2021年1月1日起施行)

第二十三条　无民事行为能力人、限制民事行为能力人的监护人是其法定代理人。

第二十七条　父母是未成年子女的监护人。

未成年人的父母已经死亡或者没有监护能力的，由下列有监护能力的人按顺序担任监护人：

（一）祖父母、外祖父母；

（二）兄、姐；

（三）其他愿意担任监护人的个人或者组织，但是须经未成年人住所地的居民委员会、村民委员会或者民政部门同意。

问题4　张三名下房产的银行贷款还没有还清，他本人强制隔离戒毒期间不便还款，是否可以将房产过户给配偶李四？

回答：可以过户。银行贷款没有还清，说明房产上还存在银行的抵押权。房产作为抵押物，其转让必须经抵押权人即银行的同意，抵押人应当提前清偿债务或者提存钱款，将抵押权消灭，此后再办理房产过户。有以下几种方式可以解决房贷偿还的问题：

第一，如果房贷剩余金额不多，张三有足够的资金，可以提前还贷。提前还贷，一般需要填写一份提前还贷申请表。申请表内容包括提前还贷理由、房产所在地、联系电话、身份证号码、还款存折账号等基本信息。银行接到申请后，经审查，符合提前还贷条件的，申请人可携带资金及相关材料到银行办理提前还贷手续。这一程序是否支持由他人代为办理，不同银行存在不同规定，可到贷款银行咨询。

第二，如果张三的资金不够，可以向担保公司申请赎楼贷款担保，先将银行贷款还清之后，再办理抵押注销登记，然后张三和李四双方办理过户手续，卖家拿到房款之后再偿还担保公司的借款。如果是通过中介公司卖房，可以申请由中介垫资给卖方解押。

另外，如果仅仅是为了正常归还房贷，则张三无须将房产过户。因为归还房贷的方式为银行在确定的还款日从贷款客户绑定的银行卡扣缴应还贷金额，而存钱无须本人办理。因此，如果张三强制隔离戒毒期间，张三与李四夫妻能够筹措款项归还房贷，而且李四知晓还贷的银行卡开户人、卡号信息，那么李四每个月正常存钱到银行卡即可顺利归还房贷。

——法律链接——

《民法典》(2021年1月1日起施行)

第四百零六条　抵押期间，抵押人可以转让抵押财产。当事人另有约定的，按照其约定。抵押财产转让的，抵押权不受影响。

抵押人转让抵押财产的，应当及时通知抵押权人。抵押权人能够证明抵押财产转让可能损害抵押权的，可以请求抵押人将转让所得的价款向抵押权人提前清偿债务或者提存。转让的价款超过债权数额的部分归抵押人所有，不足部分由债务人清偿。

问题5　强制隔离戒毒之前张三表示将房产赠与女儿；强制隔离戒毒后，张三又后悔了，不想将房产过户给女儿。张三能够撤销赠与合同吗？

回答：一般情况下，在房产过户之前，张三能够撤销赠与合同。但是根据法律规定，经过公证的赠与合同或者依法不得撤销的具有救灾、扶贫、助残等公益、道德义务性质的赠与合同，不能撤销。如果张三具有抚养女儿的义务，而且女儿没有独立生活能力，鉴于张三的吸毒史和强制隔离戒毒经历，张三女儿可以向法院起诉主张履行赠与合同，法院很可能认定张三的赠与具有"道德义务性质"，张三应当配合女儿，将房产过户给女儿。

——法律链接——

《民法典》(2021年1月1日起施行)

第六百五十八条　赠与人在赠与财产的权利转移之前可以撤销赠与。

经过公证的赠与合同或者依法不得撤销的具有救灾、扶贫、助残等公益、道德义务性质的赠与合同，不适用前款规定。

第六百六十条　经过公证的赠与合同或者依法不得撤销的具有救灾、扶贫、助残等公益、道德义务性质的赠与合同，赠与人不交付赠与财产的，受赠人可以请求交付。

依据前款规定应当交付的赠与财产因赠与人故意或者重大过失致使毁损、灭失的,赠与人应当承担赔偿责任。

——资源链接——

案例:重庆市第一中级人民法院二审民事判决书,(2021)渝01民终1136号

吴某宁向一审法院起诉请求判令吴某配合原告将吴某某名下位于重庆市的某房屋1,吴某某名下位于重庆市某房屋2,两套房屋过户登记至吴某宁名下。后吴某宁不服一审判决,提起上诉。

二审法院认定事实如下:吴某宁的母亲与吴某于2006年8月离婚,约定吴某宁由吴某抚养,房屋归吴某所有。吴某某于2018年2月10日去世。吴某离婚后至吴某某去世前,吴某宁一直跟随吴某某一同生活,由吴某某抚养。吴某某去世后一段时间,其遗产由陶某代管,代管人从遗产和房屋收益中支付吴某宁的生活费和教育费。吴某接收房产后,代管人未再经管吴某宁的生活学习。现吴某宁随其舅舅张某一起生活,吴某宁在读高中三年级。另外,吴某于2010年开始吸毒,被强制隔离戒毒两次:2016年起一次,2018年8月起一次,均为两年。

二审法院认为,吴某宁与吴某于2019年9月14日签订的人民调解协议书系双方真实意思表示,不违反法律法规的强制性规定,合法有效,双方均应受该协议约束。关于吴某提出的其在签订本协议时因无生活费,系被迫签订,该协议无效的意见,二审法院认为,吴某并未举示证据证明其受到胁迫签订本协议,故吴某提出的案涉调解协议无效的意见,本院不予采纳。

此外,二审法院认为,本案系赠与合同纠纷,根据案件审理情况,本案不符合法定撤销的法律规定,当事人亦未提及行使法定撤销权,故本案不适用法定撤销的法律规定。根据吴某在一审、二审中的意思

表示,其欲行使任意撤销权。原《合同法》第186条(现为《民法典》第658条)规定:“赠与人在赠与财产的权利转移之前可以撤销赠与。具有救灾、扶贫等社会公益、道德义务性质的赠与合同或者经过公证的赠与合同,不适用前款规定。”吴某宁提出即使本案属于赠与合同纠纷,但因该赠与具有道德义务性质,应当属于不可撤销的赠与。对此,二审法院认为,第一,签订该调解协议时,吴某宁尚未成年,系在校高中生,无其他经济来源,吴某系吴某宁的父亲,对吴某宁有教育抚养的法定义务。第二,吴某宁在其父母离婚后,按照离婚协议的约定,吴某宁跟随父亲吴某生活,但实际上吴某宁一直跟随爷爷吴某某生活,由吴某某进行照顾、教育,并由吴某某负担吴某宁的经济开支,吴某某去世后的一段时间,吴某宁依赖吴某某遗留的房屋租金生活和接受教育。第三,吴某有十多年吸毒史,自2016年至今先后两次处于强制隔离戒毒状态,没有其他收入来源,无法尽到对子女的抚养责任。因此,吴某将案涉房屋赠与吴某宁,可以在一定程度上保障吴某宁的生活、学习,系吴某履行其抚养义务的方式。综合上述情况,二审法院认为,吴某就案涉两套房产对吴某宁的赠与具有道德义务性质,依照相关法律规定,吴某不享有任意撤销权。吴某宁已于2020年7月27日年满18周岁,达到了赠与合同约定的时间条件,故吴某应当履行赠与合同即案涉调解协议约定的办理房屋过户手续的义务。对吴某宁的此项上诉请求,二审法院予以支持。

综上所述,因出现新证据,导致本案认定的事实发生变化,吴某宁的上诉请求成立,二审法院予以支持。

话题二　分　房　产

问题1　**张三家的房产拆迁，户口本上张三是户主，但房产证上只有张三母亲的名字。张三在强制隔离戒毒期间，不方便办理拆迁手续，是否可以由张三母亲一个人办理同意拆迁的手续？**

回答：可以由张三母亲一个人办理同意拆迁手续。房产证作为产权证明，证明该不动产为该公民所有，户主则只是户籍的证明，两者没有必然联系。根据法律相关规定，征收个人的房产，应当与房产所有权人、公有房产承租人签订房产征收补偿协议。因此，只要张三母亲精神状况健康正常，就可以依法独立签订房产征收补偿协议。

——法律链接——

《国有土地上房屋征收与补偿条例》(2011年1月21日起施行)

第二条　为了公共利益的需要，征收国有土地上单位、个人的房屋，应当对被征收房屋所有权人(以下称被征收人)给予公平补偿。

第二十五条　房屋征收部门与被征收人依照本条例的规定，就补偿方式、补偿金额和支付期限、用于产权调换房屋的地点和面积、搬迁费、临时安置费或者周转用房、停产停业损失、搬迁期限、过渡方式和过渡期限等事项，订立补偿协议。

补偿协议订立后，一方当事人不履行补偿协议约定的义务的，另一方当事人可以依法提起诉讼。

《武汉市国有土地上房屋征收与补偿实施办法》(2016 年 10 月 13 日发布，2016 年 12 月 1 日起施行)

第二十二条 房屋征收补偿协议由房屋征收部门与被征收人、公有房屋承租人签订。被征收人以征收决定公告之日合法有效的房屋权属证书登记的所有权人为准；公有房屋承租人以租用公有房屋凭证为准。

被征收房屋的建筑面积和房屋用途，以不动产登记机构颁发的房屋权属证书的记载为准；房屋权属证书未记载或者记载与房屋登记簿不一致的，除有证据证明房屋登记簿确有错误外，以房屋登记簿为准。

问题 2 张三是吸毒人员，其父母早年离婚。张三父亲再婚后与其继母购买了一套房产，房产证上是张三父亲的名字。张三父亲与其继母没有子女，现在张三父亲去世，张三是否可以继承这套房产，如果可以继承，该如何办理房产过户手续?

回答:第一，如果张三父亲生前已经订立遗嘱，房产继承按照遗嘱执行。如果没有遗嘱，则按照法定继承规定分割该房产。该房产是张三父亲与张三继母婚后购买的房产，属于他们的夫妻共同财产。张三父亲去世以后，该房产价值的一半属于遗产，另一半属于张三继母的个人财产。按照法定继承的相关规定，应将属于张三父亲遗产的 50% 房产平均分配给第一顺序继承人，也就是配偶、子女、父母。具体分析，张三可以取得房产价值的 25% 。张三与其继母可以协商房产分割方式。分割方式有三种：一是实物分割，即双方在不动产权证书上载明按份共有房产及各自的份额；二是折价补偿,即一方取得房产所有权,另一方向其补偿房产份额对应的货币价值;三是现金分割,即变卖或拍卖房产并且按照比例分配所得价款。

第二,通过继承方式取得房产的,过户手续如下:

(1)到被继承人户籍所在地的派出所注销被继承人户籍,办理死亡证明。

(2)到区或市公证处办理继承权公证。需要提交的材料有:被继承人死亡证明、该套房产的产权证明或其他凭证、户口簿或其他可以证明被继承人与法定继承人的亲属关系的证明文件、继承人的身份证件。有遗嘱的继承权公证另需提交被继承人所立遗嘱。

(3)继承人申请办理房产过户登记。申请人应当向登记机构提交房地产登记申请书、身份证明、房地产权证书、继承权公证文书或者遗嘱公证书、契税完税凭证。

——法律链接——

《城市房地产管理法》(2019年8月26日发布,2020年1月1日起施行)

第四十一条　房地产转让,应当签订书面转让合同,合同中应当载明土地使用权取得的方式。

第六十一条　以出让或者划拨方式取得土地使用权,应当向县级以上地方人民政府土地管理部门申请登记,经县级以上地方人民政府土地管理部门核实,由同级人民政府颁发土地使用权证书。

在依法取得的房地产开发用地上建成房屋的,应当凭土地使用权证书向县级以上地方人民政府房产管理部门申请登记,由县级以上地方人民政府房产管理部门核实并颁发房屋所有权证书。

房地产转让或者变更时,应当向县级以上地方人民政府房产管理部门申请房产变更登记，并凭变更后的房屋所有权证书向同级人民政府土地管理部门申请土地使用权变更登记，经同级人民政府土地管理部门核实，由同级人民政府更换或者更改土地使用权证书。

法律另有规定的，依照有关法律的规定办理。

《民法典》(2021年1月1日起施行)

第一千一百二十七条　遗产按照下列顺序继承：

(一)第一顺序：配偶、子女、父母；

(二)第二顺序：兄弟姐妹、祖父母、外祖父母。

继承开始后，由第一顺序继承人继承，第二顺序继承人不继承；没有第一顺序继承人继承的，由第二顺序继承人继承。

本编所称子女，包括婚生子女、非婚生子女、养子女和有扶养关系的继子女。

本编所称父母，包括生父母、养父母和有扶养关系的继父母。

本编所称兄弟姐妹，包括同父母的兄弟姐妹、同父异母或者同母异父的兄弟姐妹、养兄弟姐妹、有扶养关系的继兄弟姐妹。

第一千一百三十条　同一顺序继承人继承遗产的份额，一般应当均等。

对生活有特殊困难又缺乏劳动能力的继承人，分配遗产时，应当予以照顾。

对被继承人尽了主要扶养义务或者与被继承人共同生活的继承人，分配遗产时，可以多分。

有扶养能力和有扶养条件的继承人，不尽扶养义务的，分配遗产时，应当不分或者少分。

继承人协商同意的，也可以不均等。

第一千一百三十二条　继承人应当本着互谅互让、和睦团结的精神，协商处理继承问题。遗产分割的时间、办法和份额，由继承人协商确定；协商不成的，可以由人民调解委员会调解或者向人民法院提起诉讼。

第一千一百五十三条　夫妻共同所有的财产，除有约定的外，遗产分割时，应当先将共同所有的财产的一半分出为配偶所有，其余的为被继承人的遗产。

遗产在家庭共有财产之中的，遗产分割时，应当先分出他人的财产。

—— 资源链接 ——

武汉市各区不动产登记中心信息一览

网点名称	地址	电话	工作时间
江汉区政务中心不动产登记窗口	江汉区新华路 251 号	027－85767006－8020	8:30—12:00 14:30—17:30
硚口区政务中心不动产登记窗口	硚口区武胜西街 1 号	027－83762190	8:30—12:00 14:30—17:30
武昌区政务中心不动产登记窗口	武昌区临江大道 59 号	027－88922235	8:30—12:00 14:30—17:30
汉阳区政务中心不动产登记窗口	汉阳区墨水湖北路 107 号	027－84886620	8:30—12:00 14:30—17:30
市民之家不动产登记窗口	江岸区金桥大道 117 号	027－65770891	8:30—12:00 14:30—17:30
洪山区政务中心不动产登记窗口	洪山区文秀街 9 号	027－65397104	8:30—12:00 14:30—17:30
东湖风景区政务中心不动产登记窗口	东湖风景区欢乐大道 301 号、东湖庭园小区 14 栋、20 栋门面	027－86628639 027－86778496	8:30—12:00 14:30—17:30
武汉市不动产登记中心	江岸区京汉大道 1041 号	027－82862106	8:30—12:00 14:30—17:30

续表

网点名称	地址	电话	工作时间
青山区政务中心不动产登记窗口	青山红卫路街八大家花园44号楼	027－86848212	8:30—12:00 14:30—17:30
江岸区政务中心不动产登记窗口	江岸区后湖五路16号东方广场A栋	027－82905880	8:30—12:00 14:30—17:30
武汉市房地产登记发证中心	武汉市江汉区高雄路166号武汉房地产交易大厦	027－85482051	8:30—12:00 14:30—17:30

问题3　张三强制隔离戒毒期间，其父亲去世并留下一套房产。张三父亲生前希望将房产留给张三，张三母亲表示同意。但是张三的姑姑想要和张三分割这套房产。请问，张三能够取得全部的房产吗？

回答：首先，张三的姑姑也就是张三父亲的姐妹，属于第二顺位继承人。而张三本人和张三母亲属于第一顺位继承人。张三父亲去世，如果没有遗嘱，根据法定继承规定，由第一顺位继承人共同继承遗产，第二顺位继承人不继承。因此，张三的姑姑无权继承房产。

其次，张三父亲去世后，房产由张三母亲和张三共同继承。如果张三母亲同意张三分得全部的房产，可以出具放弃继承权的书面声明，然后张三依法将房产过户到本人名下即可。

—— 法律链接 ——

《民法典》(2021 年 1 月 1 日起施行)

第一千一百二十七条　遗产按照下列顺序继承:

(一)第一顺序:配偶、子女、父母;

(二)第二顺序:兄弟姐妹、祖父母、外祖父母。

继承开始后,由第一顺序继承人继承,第二顺序继承人不继承;没有第一顺序继承人继承的,由第二顺序继承人继承。

本编所称子女,包括婚生子女、非婚生子女、养子女和有扶养关系的继子女。

本编所称父母,包括生父母、养父母和有扶养关系的继父母。

本编所称兄弟姐妹,包括同父母的兄弟姐妹、同父异母或者同母异父的兄弟姐妹、养兄弟姐妹、有扶养关系的继兄弟姐妹。

问题 4　张三早年丧父,在其强制隔离戒毒期间,母亲去世,留下一处房产,由张三妹妹张四占有。张三如何主张并实际分割自己应有的遗产份额?

回答:如果张三父母生前没有订立遗嘱,根据法定继承的规定,张三和张四作为被继承人的子女均有权继承遗产。除法律规定的特殊情况外,继承人之间继承的遗产份额一般应当均等。张三应该首先与妹妹张四进行房产分割,明确两人的遗产份额各为50%。然后可以按比例分配出售房产后实际获得的价款;或者将房产折价,一方获得房产并补偿对方应得房产份额的货币价值。当然,如果双方决定共同共有房产,也可以在办理房产过户登记时,明确双方各自对于房产的份额为50%。

—— 法律链接 ——

《民法典》(2021年1月1日起施行)

第三百零四条　共有人可以协商确定分割方式。达不成协议,共有的不动产或者动产可以分割且不会因分割减损价值的,应当对实物予以分割;难以分割或者因分割会减损价值的,应当对折价或者拍卖、变卖取得的价款予以分割。

共有人分割所得的不动产或者动产有瑕疵的,其他共有人应当分担损失。

第一千一百三十条　同一顺序继承人继承遗产的份额,一般应当均等。

对生活有特殊困难又缺乏劳动能力的继承人,分配遗产时,应当予以照顾。

对被继承人尽了主要扶养义务或者与被继承人共同生活的继承人,分配遗产时,可以多分。

有扶养能力和有扶养条件的继承人,不尽扶养义务的,分配遗产时,应当不分或者少分。

继承人协商同意的,也可以不均等。

—— 资源链接 ——

案例:广东省江门市中级人民法院二审民事判决书,(2020)粤07民终3784号

关于余某二、余某一房产纠纷案,二人对一审判决不服,提起上诉。二审法院确认一审法院查明的基本事实,认为本案系法定继承纠纷。结合双方当事人的诉辩意见,二审法院认定的争议焦点为:(1)涉案房屋是否属于苏某的个人遗产;(2)涉案房屋的继承分割问题。

关于第一个争议焦点。余某二、余某一上诉认为位于江门市新会区会城深源里某房屋是余某一与苏某夫妻关系存续期间重建的,为夫妻共同财产。经审查,余某一与苏某于1993年11月18日经新会市人民法院调解离婚,苏某于1993年11月19日取得了前述房屋的广东省乡(镇)村建筑许可证,房屋重建后,于1996年6月24日登记在苏某一人名下,即深源里某房屋获准重建的时间在余某一与苏某离婚后。余某一、余某二虽主张该房屋的报建手续是后补的,但未提交证据予以证明,余某一、余某二应承担举证不能的不利后果。按照先报建后施工的正常建设顺序,深源里某房屋重建应发生在余某一与苏某离婚后,且余某三在本案中抗辩认为余某一的该主张超过诉讼时效。根据《最高人民法院关于适用〈中华人民共和国婚姻法〉若干问题的解释(二)》(已失效)第9条第1款(现为《最高人民法院关于适用〈中华人民共和国民法典〉婚姻家庭编的解释(一)》第70条第1款,条文内容有改动。)"男女双方协议离婚后一年内就财产分割问题反悔,请求变更或者撤销财产分割协议的,人民法院应当受理"的规定,余某一现提出该主张已超过诉讼时效,同样不应予以支持。综上所述,余某二、余某一上诉认为位于江门市新会区会城深源里某房屋是余某一与苏某的夫妻共同财产,理据不足,二审法院不予支持。一审法院认定涉案房屋为苏某的个人遗产并无不当,二审法院予以确认。

关于第二个争议焦点。首先,关于继承人范围的认定。根据(1993)新民初字第529号民事调解书所载明的亲属关系,以及江门市新会区某居民委员会出具的亲属关系证明,苏某去世后,其第一顺序继承人是女儿余某三与儿子余某二,而余某一与苏某已经离婚,故余某一不是苏某遗产的继承人。因此,享有涉案房屋继承权的是余某三和余某二。其次,关于涉案房屋继承份额的认定。余某二上诉认为根据在案证据,余某三并没有对苏某承担较多的赡养义务,涉案房屋应均等继承。余某三在诉讼中提交了苏某病历资料、医疗费票据、余某三与余某二的微信聊天记录用以证明余某三承担了苏某的全部赡养义务。对此二审法院认为，单凭余某三持有苏某的病历资料、医疗费票据等，不足以证明余某三承担了苏某的全部赡养义务。且医疗费票据所涉金额不大，余某三与余某二在诉讼中均确认2008年起余某二一直与苏某居住在涉案房屋，余某三于2011年后搬回涉案房屋与苏某、余某二一起生活，故根据余某三与余某二在诉讼中的陈述、在案证据以及余某二与余某三的具体居住情况，不足以认定余某三在苏某生前尽了主要赡养义务。因此，对于涉案房屋，余某三与余某二应均等继承分配，各继承涉案房屋50%的份额。最后，关于涉案房屋的分割问题。余某二主张以拍卖或变卖的方式分割涉案房屋。而余某三则主张涉案房屋具有纪念意义，不同意拍卖或变卖涉案房屋。对此二审法院认为，涉案房屋为商品房住宅，余某二在诉讼中主张其与余某三已经矛盾重重，两人还因吵架而报警处理，两人无法长期一起居住。为了避免双方当事人矛盾的进一步激化，对涉案房屋进行分割较为适宜，而双方在诉讼中对于涉案房屋的分割方式未能协商一致，余某三虽同意折价补偿给余某二，但其明确表示目前没有支付能力，进而涉案房屋的分割方式只能是分割拍卖、变卖所得的价款。

综上所述，余某二、余某一的上诉请求部分成立，有理部分，应予支持；无理部分，应予驳回。一审判决处理不当，二审法院予以纠正。

专栏二 “票子”

话题三　追 回 钱 财

问题 1　吸毒人员张三进戒毒所之前有一位女朋友，当时他觉得两个人已经到了快要结婚的程度，所以买了婚房并且登记在女朋友的名下，同时还多次转账给女朋友。现在张三被强制隔离戒毒，如果其与女朋友分手，房产和所转账款项能否追回来？

回答：婚前给付一般可以分为三种情况：一是基于习俗，一方给付另一方钱款或物品作为订婚的标志，通常称为彩礼；二是一方赠与对方贵重物品及生产生活资料，如住房、汽车和金银首饰等；三是相互赠送小额钱款、礼品及衣物等，属于双方之间的礼尚往来。

第一，彩礼送出后，在以下特定情况下，法院支持返还：送出后双方未办理结婚登记手续的；双方办理结婚登记手续，但确未共同生活的；婚前给付并导致给付人生活困难的。后两种情况应当以双方离婚为条件。不能以办理结婚登记作为评判是否返还彩礼的唯一标准，还应当考量二人之间是否形成了夫妻之间相互扶助、共同生活的经历，比如是否已经生育子女和长期共同生活，给付彩礼是否导致男方生活困难。

第二，婚前涉及不动产或大额财产的赠与。

首先，赠与方在财产的权利转移前可以撤销赠与。例如，双方约定将一方所有的房产赠与另一方，赠与方在赠与房产变更登记之前可以任意撤销赠与。

但是,在财产的权利转移后,则有可能存在法律适用和社会道德观念之间的冲突。现实生活中,婚恋中的男女以及亲属为了增进双方感情,往往会向另一方赠送财物。这些财物在男女双方解除婚恋关系时是否要返还,在审判实践中通常根据赠与物的价值大小来认定。大额赠与通常视为附条件赠与。大额赠与一般是指贵重家电、首饰、汽车、房产和大额钱款等。之所以把这类赠与认定为附条件赠与,是因为这种赠与已经超出了双方日常交往时礼尚往来的范围,而是暗含了一种期待,即赠与人为发生一定预期结果(通常为缔结合法婚姻关系)而为的赠与行为。此种赠与,若一律按无偿赠与认定,将显失公平。在赠与期待结果不能实现时,赠与人不得请求结果之实现,不过在结果不能实现时可以请求不当得利的返还。

第三,通过微信或支付宝多批次、小额度地向对方转款,一般都视为恋爱生活中的一般赠与,钱款一旦交付,赠与行为即完成,通常不能追回。

—— 法律链接 ——

《民法典》(2021年1月1日起施行)

第六百五十八条　赠与人在赠与财产的权利转移之前可以撤销赠与。

经过公证的赠与合同或者依法不得撤销的具有救灾、扶贫、助残等公益、道德义务性质的赠与合同,不适用前款规定。

《最高人民法院关于适用〈中华人民共和国民法典〉婚姻家庭编的解释(一)》(2021年1月1日起施行)

第五条　当事人请求返还按照习俗给付的彩礼的,如果查明属于以下情形,人民法院应当予以支持:

（一）双方未办理结婚登记手续；

（二）双方办理结婚登记手续但确未共同生活；

（三）婚前给付并导致给付人生活困难。

适用前款第二项、第三项的规定，应当以双方离婚为条件。

第三十二条　婚前或者婚姻关系存续期间，当事人约定将一方所有的房产赠与另一方或者共有，赠与方在赠与房产变更登记之前撤销赠与，另一方请求判令继续履行的，人民法院可以按照民法典第六百五十八条的规定处理。

——资源链接——

案例1：安徽省合肥市中级人民法院二审民事判决书，(2016)皖01民终252号

夏某与魏某于2011年6月经人介绍相识，2011年9月双方订婚后同居生活。2012年农历正月初六按照农村习俗举办婚礼，至今未领取结婚证。2012年7月29日生育双胞胎女儿夏某甲、夏某乙。2014年7月双方分居生活。订婚期间魏某母亲宛某接受夏某给付的彩礼3888元。夏某为魏某购买“三金”：黄金手镯一只、黄金项链一条（含黄金吊坠）、黄金耳坠一对，总价值约18,866元。现两人感情破裂，夏某要求魏某返还彩礼与“三金”。

法院认为，本案应该适用最高人民法院《关于适用〈中华人民共和国婚姻法〉若干问题的解释（二）》（已失效）第10条第1款（现为《最高人民法院关于适用〈中华人民共和国民法典〉婚姻家庭编的解释（一）》第5条第1款）规定：“当事人请求返还按照习俗给付的彩礼的，如果查明属于以下情形，人民法院应当予以支持：（一）双方未办理结婚登记手续的；（二）双方办理结婚登记手续但确未共同生活的；（三）婚前给付并导致给付人生活困难的。”首先，该条款的第1、2项从符合中华传统、公序良俗的角度理解，结婚是夫妻共同生活的开始，

但如办理了结婚登记未共同生活，也可以请求返还彩礼。说明不能以办理结婚登记作为评判是否返还彩礼的唯一标准，还应当考量二人之间是否形成了夫妻之间相互扶助、共同生活的经历。本案中，上诉人夏某与被上诉人魏某虽未办理结婚登记，但二人已经有实质意义上的共同生活，且近三年之久。

其次，依据该条款的第 3 项，给付彩礼后已经结婚的，原则上不予返还彩礼，除非给付彩礼导致给付人生活困难。根据相关法律规定，前述法律规定"生活困难"是指无法维持当地基本生活水平。本案中，夏某称给付彩礼 20,560 元及"三金"，但未提供证据证明因给付彩礼而导致其无法维持当地基本生活水平。综上，夏某的举证不足以证明其符合请求返还彩礼之法定情形，原审对此未予支持，并无不当。因此，夏某的上诉理由不能成立，二审法院不予支持。据此，依照 2017 年《民事诉讼法》第 170 条第 1 款第 1 项（现为 2021 年《民事诉讼法》第 177 条第 1 款第 1 项）之规定，判决驳回上诉，维持原判。

案例 2：浙江省绍兴市嵊州市人民法院民事判决书，（2018）浙 0683 民初 8365 号

2015 年年初，原告、被告开始以恋爱关系交往。自 2015 年 3 月 28 日起至 2017 年 8 月 24 日止，原告通过银行转账、微信转账等方式向被告累计汇款 687,064 元。该汇款总额中既包含用于资助被告购买某市某某路 88 号某房产公司 12 幢某单元 1201 室房屋一套的首付款、房贷还款，以及登记在被告名下牌照为浙 D×××××号的宝马牌小型汽车的车贷还款，亦有其他用途不明的大额现金给付。现两人感情破裂，原告要求被告返还相关财产。

法院认为，所谓恋爱关系是指成年男女在社会交往中的一种特殊情感关系。确定恋爱关系的男女双方往往具有将来缔结婚姻关系或在一起生活的美好愿望。男女双方为期盼这种美好愿望的实现，会在恋

爱期间进行必要的物质来往,符合社会的一般习惯。这种目的性指向明显的赠送财物的行为就是一种赠与的民事法律行为,该行为可以附一定的条件,当条件未成就时,赠与行为就不发生法律效力。

本案中,双方未签订书面赠与合同,而是通过各自的行为使赠与的意思表示达成一致并已经履行,由此可见双方已构成口头上的赠与关系。而之所以原告在恋爱期间会持续不断地汇款给被告,亦是以与被告结婚为前提的,若赠与行为发生之后双方不能缔结婚姻或一起共同生活,则赠与行为失效。当下双方的恋爱关系在诉前已经终止,故被告保有恋爱关系存续期间来自原告的赠与利益已经丧失法律依据,原告为此遭受损失,被告再继续占有取自原告赠送的钱财已经构成不当得利,应予返还。鉴于原告在恋爱期间向被告所汇之款次数较频、数额大小不等,原告提供的证据足以证明其所汇之款已到达被告账户,而且所汇之款用途混杂,既有用于资助被告购买房屋的首付款、房贷月供以及车贷月供等大额出资,亦有其他用途不明的大额现金给付。当然原告所汇之款中也不能排除有恋爱期间双方为维系关系和发展感情进行的日常生活消费支出,该部分费用支出不属于赠与利益,双方分手后不作返还。

因此,在均衡双方利益的前提下,并从兼顾适当维护女方权益的角度出发,二审法院考虑由被告对原告在恋爱期间给付被告的钱财予以适当返还,至于原告诉请要求被告返还牌照为浙D×××××号宝马牌小型汽车一辆,二审法院认为,该车辆行驶证登记车主现为被告,即被告为该车辆的合法所有权人,由于所有权是绝对权,具有排他性,所以原告无权要求被告返还该车辆。故原告要求被告返还浙D×××××号宝马牌小型汽车一辆的诉讼请求,于法不符,二审法院不予支持。

问题 2　吸毒人员张三在进入强制隔离戒毒所之后，家里遭小偷盗窃，现在得知犯罪嫌疑人已被警察抓获，张三该如何追回被盗窃的财产？

回答：如果公安机关已经追回张三家财物，则张三可以委托亲属，以被害人身份，提供对相关财物具有所有权的依据，到公安机关申请及时返还财产。对于犯罪分子的违法所得，法院在刑事判决中，也会判决予以追缴或者责令退赔。如果入户盗窃还造成张三家门、窗户等物品损坏等经济损失，还可以在刑事诉讼中提起附带民事诉讼，法院会一并在刑事判决书中对于刑事附带民事的诉讼请求予以判决。

刑事附带民事诉讼在整个刑事诉讼过程中都可以提起，也就是在刑事案件立案以后第一审判决宣告之前均可以提起。如刑事案件已审结，则应单独提起民事诉讼，作为民事案件审理。张三作为被害人，可以直接向法院提起刑事附带民事诉讼。公诉案件中，张三也可以在侦查起诉阶段通过侦查机关和起诉机关提起刑事附带民事诉讼，并且可以聘请律师担任代理人。

——法律链接——

《刑法》(2020 年 12 月 26 日发布,2021 年 3 月 1 日起施行)

第六十四条　犯罪分子违法所得的一切财物，应当予以追缴或者责令退赔；对被害人的合法财产，应当及时返还；违禁品和供犯罪所用的本人财物，应当予以没收。没收的财物和罚金，一律上缴国库，不得挪用和自行处理。

《刑事诉讼法》(2018 年 10 月 26 日发布)

第一百零一条第一款　被害人由于被告人的犯罪行为而遭受物质损失的，在刑事诉讼过程中，有权提起附带民事诉讼。被害人死亡或者丧失行为能力的,被害人的法定代理人、近亲属有权提起附带民事诉讼。

问题3　张三是强制隔离戒毒人员,家属向他银行卡转账时填错了卡号,导致钱转到别人的账户上了,家属随后联系转错账的账户开户人,账户开户人拒绝归还,家属该怎么追回转错的账款?

回答:张三的家属可以向法院提起民事诉讼,以不当得利的案由要求对方返还。不当得利,是指没有合法依据,有损于他人而取得利益。不当得利的法律事实发生以后,在不当得利人与利益所有人(受害人)之间产生了一种权利义务关系,即利益所有人有权请求不当得利人返还不应得的利益,不当得利者有义务返还。

——法律链接——

《民法典》(2021年1月1日起施行)

第九百八十五条　得利人没有法律根据取得不当利益的,受损失的人可以请求得利人返还取得的利益,但是有下列情形之一的除外:

(一)为履行道德义务进行的给付;

(二)债务到期之前的清偿;

(三)明知无给付义务而进行的债务清偿。

问题4　张三被强制隔离戒毒前借给李四一笔钱,如果到期李四拒不归还,张三应该怎么处理?

回答:首先双方可以协商解决还款问题。协商解决不成,张三可以提起民间借贷诉讼。民间借贷诉讼起诉必须提供两方面证据:一是有证据证明双方的借款关系存在,如借条、谈话录音、聊天记录、知情人证词等。二是有关借款事实的证据，如债权人与债务人之间的银行转账记录；如果是现金借款，也可以提供债权人在借款日或相近日期相应的取款记录等。

—— 法律链接 ——

《民事诉讼法》(2021 年 12 月 24 日发布，2022 年 1 月 1 日起施行)

第六十七条　当事人对自己提出的主张，有责任提供证据。

当事人及其诉讼代理人因客观原因不能自行收集的证据，或者人民法院认为审理案件需要的证据，人民法院应当调查收集。

人民法院应当按照法定程序，全面地、客观地审查核实证据。

第一百二十二条　起诉必须符合下列条件：

(一)原告是与本案有直接利害关系的公民、法人和其他组织；

(二)有明确的被告；

(三)有具体的诉讼请求和事实、理由；

(四)属于人民法院受理民事诉讼的范围和受诉人民法院管辖。

问题 5　张三在被强制隔离戒毒之前赌输了一笔钱给李四，因为家庭比较困难，张三能否在解除强制隔离戒毒以后去找李四要回这笔钱？

回答：如果张三和李四之间是带有少量财物输赢的娱乐活动，由于双方是自愿的，那么张三不能找李四要回输的钱。如果张三与李四之间的行为属于赌博行为，则赌博中作为赌注的款物、换取筹码的款物和通过赌博赢取的款物均属于赌资。赌资的处理根据以下三种情况有不同结果。

第一，设赌诈骗行为中受骗参赌人的赌资返回本人。设赌诈骗是指设赌者通过实施各种欺骗手段,使参赌者相信其所参与的赌博结局是由偶然因素决定,参赌者参与赌博并赌输,参赌者愿赌服输而向设赌者交付财物。设赌行骗的行为构成诈骗罪,受骗人应当第一时间报警。从当前司法实践来看,设赌行骗者会被按照诈骗罪定罪量刑,在法院作出判决后,受骗财物会返还受骗的参赌人。

第二,行政案件中,行为被公安机关认定为赌博违法行为的,在不存在涉赌诈骗的情况下,单纯因赌博输掉的钱财属于赌资,会被收缴,而不会返还参赌人。

第三,刑事案件中,行为被刑事司法机关认定为赌博罪或者开设赌场罪的,赌资依法予以追缴。

—— 法律链接 ——

《治安管理处罚法》(2012 年 10 月 26 日发布,2013 年 1 月 1 日起施行)

第七十条　以营利为目的,为赌博提供条件的,或者参与赌博赌资较大的,处五日以下拘留或者五百元以下罚款;情节严重的,处十日以上十五日以下拘留,并处五百元以上三千元以下罚款。

《公安机关办理行政案件程序规定》(2020 年 8 月 6 日发布)

第一百九十四条　对在办理行政案件中查获的下列物品应当依法收缴:

(一)毒品、淫秽物品等违禁品;

(二)赌具和赌资;

(三)吸食、注射毒品的用具;

(四)伪造、变造的公文、证件、证明文件、票证、印章等;

(五)倒卖的车船票、文艺演出票、体育比赛入场券等有价票证;

（六）主要用于实施违法行为的本人所有的工具以及直接用于实施毒品违法行为的资金；

（七）法律、法规规定可以收缴的其他非法财物。

前款第六项所列的工具，除非有证据表明属于他人合法所有，可以直接认定为违法行为人本人所有。对明显无价值的，可以不作出收缴决定，但应当在证据保全文书中注明处理情况。

违法所得应当依法予以追缴或者没收。

多名违法行为人共同实施违法行为，违法所得或者非法财物无法分清所有人的，作为共同违法所得或者非法财物予以处理。

《刑法》（2020年12月26日发布，2021年3月1日起施行）

第二百六十六条　诈骗公私财物，数额较大的，处三年以下有期徒刑、拘役或者管制，并处或者单处罚金；数额巨大或者有其他严重情节的，处三年以上十年以下有期徒刑，并处罚金；数额特别巨大或者有其他特别严重情节的，处十年以上有期徒刑或者无期徒刑，并处罚金或者没收财产。本法另有规定的，依照规定。

第三百零三条第一、二款　以营利为目的，聚众赌博或者以赌博为业的，处三年以下有期徒刑、拘役或者管制，并处罚金。

开设赌场的，处五年以下有期徒刑、拘役或者管制，并处罚金；情节严重的，处五年以上十年以下有期徒刑，并处罚金。

《最高人民法院、最高人民检察院关于办理赌博刑事案件具体应用法律若干问题的解释》（2005年5月13日起施行）

第八条　赌博犯罪中用作赌注的款物、换取筹码的款物和通过赌博赢取的款物属于赌资。通过计算机网络实施赌博犯罪的，赌资数额可以按照在计算机网络上投注或者赢取的点数乘以每一点实际代表的金额认定。

赌资应当依法予以追缴;赌博用具、赌博违法所得以及赌博犯罪分子所有的专门用于赌博的资金、交通工具、通讯工具等,应当依法予以没收。

第九条　不以营利为目的,进行带有少量财物输赢的娱乐活动,以及提供棋牌室等娱乐场所只收取正常的场所和服务费用的经营行为等,不以赌博论处。

——资源链接——

案例:《四川省泸县人民检察院诉黄艺、袁小军等诈骗案》,载《最高人民法院公报》2007年第8期

2004年10月,被告人黄艺、袁小军为偿还因赌博欠下的债务,共谋设计赌局圈套,以打假牌的方式骗取他人钱财。二被告人约定由黄艺物色被骗对象,由袁小军负责约请帮助打假牌的人。此后,黄艺多次与在外经营业务的“长天数码港”业主、本案被害人姚某某电话联系,谎称请姚某某返家,当面商谈买卖煤矿的有关事宜。2004年11月4日,姚某某从成都返回叙永县,黄艺即邀请姚某某于次日一起共进晚餐,同时通知袁小军约请帮助打假牌的人。11月5日下午,被告人刘小冬、方开强应邀来到叙永县,黄艺在叙永县城“国香”茶楼检验刘小冬、方开强打假牌的技能后,表示满意。随后,黄艺按事先的预谋,于当晚请姚某某在叙永县城的“食圣”火锅店吃饭。为不致引起姚某某的怀疑,黄艺向姚某某介绍刘小冬、方开强时,谎称二人是“经营煤炭生意的老板”。席间,黄艺又电话通知被告人刘昌敏、袁小军前来共进晚餐。饭后,大约18时,黄艺邀已有醉意的姚某某到“碧於蓝”茶楼喝茶打牌。先由刘昌敏、刘小冬与姚某某用扑克牌玩“斗地主”(一种赌博形式),黄艺为掩饰骗局,提出与姚某某合伙占一股。在打牌过程中,刘小冬以欺诈手段控制大小牌,仅两小时,姚某某就输掉现金1万多元,并欠债10余万元。随后,黄艺等人鼓动姚某某换种

方式,改玩“打闷鸡”(一种赌博形式),以便把输的钱赢回来。之后,黄艺、刘小冬和方开强仍以欺诈手段控制牌局。23时50分左右结束赌局时,姚某某已输掉58万元,其中,欠刘昌敏13万元,欠方开强44万元。次日,姚某某约请黄艺到“长天数码港”自己的办公室,请求黄艺就赌债之事出面协调,看可否少还点钱。黄艺则以“愿赌服输是赌场规矩”为由,拒绝了姚某某的请求,并通知刘昌敏、方开强到“长天数码港”与姚某某结清赌债。姚某某只得将其所有的、车牌号为藏030093的尼桑奇骏越野轿车折价30万元,连同14万元现金抵偿欠方开强的赌债,将其所有的、车牌号为川AET995的尼桑蓝鸟轿车折价13万元,抵偿欠刘昌敏的赌债。黄艺等5人随后开车到兴文县“洞乡大酒店”一茶楼内分赃,黄艺、袁小军、刘昌敏各得人民币3万元,刘小冬和方开强分得5万元,并约定待两辆车卖出后再行分赃。经泸州市江阳区价格认证中心鉴定,两辆车的价值共计41.69万元。

法院认为,本案中,在实施赌博欺诈的过程中,被告人刘昌敏、刘小冬、方开强始终以打假牌的欺诈手段控制输赢结局,造成姚某某必然输钱的结果,从而使赌博的结局不再具有不确定性。因此,黄艺等被告人诱使姚某某参加的“赌博”,已经不再是真正意义上的赌博,而是各被告人实施诈骗犯罪的具体方式。

问题6 公安机关对吸毒人员张三执行强制隔离戒毒时扣押其部分财物,超期后未归还,张三该如何进行救济?

回答:公安机关属于行政机关,行政机关超期扣押财物,张三可以提起行政复议或行政诉讼,主张其对于毒品、吸食或注射毒品的用具以外财物的权利。

行政机关决定实施查封、扣押的,应当制作并当场交付查封、扣押决定书和清单。查封、扣押决定书中载明查封、扣押期限和申请行政复议或诉讼的期限。一般情况下,查封、扣押的期限不得超过30日。行政机关对于超期滞留的无主物处理方式主要分为以下几种:(1)公告期后视作无主物(遗失物)上缴国库;(2)向指定机构提存;(3)依法拍卖后上缴国库。总之,被采取强制隔离戒毒措施的人员,应及时委托家属代为领取被公安机关扣押的财物,以避免财产损失。

—— 法律链接 ——

《行政强制法》(2012年1月1日起施行)

第二十三条　查封、扣押限于涉案的场所、设施或者财物,不得查封、扣押与违法行为无关的场所、设施或者财物;不得查封、扣押公民个人及其所扶养家属的生活必需品。

当事人的场所、设施或者财物已被其他国家机关依法查封的,不得重复查封。

第二十四条　行政机关决定实施查封、扣押的,应当履行本法第十八条规定的程序,制作并当场交付查封、扣押决定书和清单。

查封、扣押决定书应当载明下列事项:

(一)当事人的姓名或者名称、地址;

(二)查封、扣押的理由、依据和期限;

(三)查封、扣押场所、设施或者财物的名称、数量等;

(四)申请行政复议或者提起行政诉讼的途径和期限;

(五)行政机关的名称、印章和日期。

查封、扣押清单一式二份,由当事人和行政机关分别保存。

第二十五条　查封、扣押的期限不得超过三十日;情况复杂的,经行政机关负责人批准,可以延长,但是延长期限不得超过三十日。法律、行政法规另有规定的除外。

延长查封、扣押的决定应当及时书面告知当事人，并说明理由。

对物品需要进行检测、检验、检疫或者技术鉴定的，查封、扣押的期间不包括检测、检验、检疫或者技术鉴定的期间。检测、检验、检疫或者技术鉴定的期间应当明确，并书面告知当事人。检测、检验、检疫或者技术鉴定的费用由行政机关承担。

第二十六条　对查封、扣押的场所、设施或者财物，行政机关应当妥善保管，不得使用或者损毁；造成损失的，应当承担赔偿责任。

对查封的场所、设施或者财物，行政机关可以委托第三人保管，第三人不得损毁或者擅自转移、处置。因第三人的原因造成的损失，行政机关先行赔付后，有权向第三人追偿。

因查封、扣押发生的保管费用由行政机关承担。

《公安机关办理行政案件程序规定》（2020年8月6日发布）

第一百一十二条　扣押、扣留、查封期限为三十日，情况复杂的，经县级以上公安机关负责人批准，可以延长三十日；法律、行政法规另有规定的除外。延长扣押、扣留、查封期限的，应当及时书面告知当事人，并说明理由。

对物品需要进行鉴定的，鉴定期间不计入扣押、扣留、查封期间，但应当将鉴定的期间书面告知当事人。

问题7　张三在被强制隔离戒毒之前有笔债权正准备起诉对方追回，但诉讼时效只有3年时间，解除强制隔离戒毒之后，张三还能否向法院起诉追回这笔债权？

回答：关键在于该情形是否能够适用诉讼时效中止和诉讼时效中断的规定。张三被依法强制隔离戒毒，属于中止诉讼时效的客观障碍。如果在诉讼时效届满前的最后6个月，张三被强制隔离戒毒，则诉讼时效中止。张三被解除强制隔离戒毒后，诉讼时效重新开始计算6个月,张三可以在这6个月内向法院起诉主张自己的债权。

—— 法 律 链 接 ——

《民法典》(2021年1月1日起施行)

第一百九十四条 在诉讼时效期间的最后六个月内,因下列障碍,不能行使请求权的,诉讼时效中止:

(一)不可抗力;

(二)无民事行为能力人或者限制民事行为能力人没有法定代理人,或者法定代理人死亡、丧失民事行为能力、丧失代理权;

(三)继承开始后未确定继承人或者遗产管理人;

(四)权利人被义务人或者其他人控制;

(五)其他导致权利人不能行使请求权的障碍。

自中止时效的原因消除之日起满六个月,诉讼时效期间届满。

—— 资 源 链 接 ——

案例:《诉讼中被强制隔离戒毒适用诉讼时效中止的认定——重庆五中院判决胡某诉某某保险股份有限公司等机动车交通事故责任纠纷案》,载《人民法院报》2018年1月18日,第6版;(2017)渝0153民初398号民事判决书,(2017)渝05民终5099号二审民事判决书

案情:2014年7月25日,贺元波持B2类驾驶证驾驶渝BN0003号重型自卸货车在荣昌区安富街道境内与胡某持E类驾驶证驾驶的无号牌二轮摩托车相撞,造成胡某受伤及无号牌二轮摩托车受损的道路交通事故。经原重庆市荣昌县公安局交通巡逻警察大队认定,本次事故由贺元波、胡某承担同等责任。事发当日,胡某被送往原荣昌县人民医院住院治疗28天,被诊断为腰椎体骨折和胸骨骨折多处骨折

伤等,住院期间共产生62,964元医疗费等费用。后重庆市荣昌司法鉴定所于2015年1月28日作出司法鉴定意见为:(1)胡某目前腰部活动丧失功能的伤残等级属于Ⅷ级(八级);(2)胡某目前后续医疗费约需人民币13,500元。2015年2月12日,胡某因吸毒成瘾被重庆市荣昌区公安局决定强制隔离戒毒,同日胡某被送往重庆市嘉陵强制隔离戒毒所,后于2016年12月17日解除强制隔离戒毒。2017年1月12日,原告胡某诉至荣昌区法院,请求判决被告中国太平洋财产保险股份有限公司重庆市南岸支公司、重庆彬丰物流有限公司、贺元波、于君华赔偿其各项损失共计23万多元。

另,重庆彬丰物流有限公司系渝BN0003号重型自卸货车的登记车主,该车的实际车主系于君华,并挂靠于重庆彬丰物流有限公司,渝BN0003号车在中国太平洋财产保险股份有限公司重庆市南岸支公司投保了交强险和100万元的不计免赔商业三者险。贺元波系于君华雇佣的驾驶员,交通事故发生时,其驾驶车辆系履行雇佣职责。

裁判意见:在诉讼时效期间的最后6个月内,因不可抗力或者其他障碍不能行使请求权的,诉讼时效中止。从中止时效的原因消除之日起,诉讼时效期间继续计算。胡某发生交通事故的时间为2014年7月25日,其请求赔偿的诉讼时效为1年,在诉讼时效期间最后6个月内中的2015年2月12日,胡某因吸毒成瘾被强制隔离戒毒,2016年12月17日解除强制隔离戒毒,其在强制隔离戒毒期间因客观障碍无法行使诉讼权利,属诉讼时效中止的情形,其后于2017年1月12日提起本案诉讼未超过1年的诉讼时效。中国太平洋财产保险股份有限公司重庆市南岸支公司认为胡某在强制隔离戒毒期间仍然可以行使诉权请求赔偿的理由,与胡某客观上无法行使诉权的事实不符,法院不予采信。

话题四　社 会 保 障

问题 1　张三是退出现役的义务兵，因在强制隔离戒毒期间无法正常到民政部门登记，导致无法领取补助。解除强制隔离戒毒后，张三是否能够补领该补助？

回答：原则上，张三可以补领该补助。经咨询武汉市退役军人事务局，强制隔离戒毒不属于刑事处罚，不会影响退役军人领取补助。退役军人只需要在解除强制隔离戒毒之后，到户籍所在地社区补办登记并补领补助即可。

但是，该补助的领取情况与该戒毒人员的服役状况息息相关，可能受戒毒人员入伍时间、退役时间、服役兵种（义务兵、士官或军官）、所在社区等因素的影响而导致该补助延期或者少领。具体情况还要结合所在社区政策确定。

—— 法 律 链 接 ——

《兵役法》（2021 年 8 月 20 日发布，2021 年 10 月 1 日起施行）

第五十三条　对退出现役的义务兵，国家采取自主就业、安排工作、供养等方式妥善安置。

义务兵退出现役自主就业的，按照国家规定发给一次性退役金，由安置地的县级以上地方人民政府接收，根据当地的实际情况，可以发给经济补助。国家根据经济社会发展，适时调整退役金的标准。

服现役期间平时获得二等功以上荣誉或者战时获得三等功以上荣誉以及属于烈士子女的义务兵退出现役，由安置地的县级以上地方人民政府安排工作；待安排工作期间由当地人民政府按照国家有关规定发给生活补助费；根据本人自愿，也可以选择自主就业。

因战、因公、因病致残的义务兵退出现役，按照国家规定的评定残疾等级采取安排工作、供养等方式予以妥善安置；符合安排工作条件的，根据本人自愿，也可以选择自主就业。

第五十四条　对退出现役的军士，国家采取逐月领取退役金、自主就业、安排工作、退休、供养等方式妥善安置。

军士退出现役，服现役满规定年限的，采取逐月领取退役金方式予以妥善安置。

军士退出现役，服现役满十二年或者符合国家规定的其他条件的，由安置地的县级以上地方人民政府安排工作；待安排工作期间由当地人民政府按照国家有关规定发给生活补助费；根据本人自愿，也可以选择自主就业。

军士服现役满三十年或者年满五十五周岁或者符合国家规定的其他条件的，作退休安置。

因战、因公、因病致残的军士退出现役，按照国家规定的评定残疾等级采取安排工作、退休、供养等方式予以妥善安置；符合安排工作条件的，根据本人自愿，也可以选择自主就业。

军士退出现役，不符合本条第二款至第五款规定条件的，依照本法第五十三条规定的自主就业方式予以妥善安置。

第五十五条　对退出现役的军官，国家采取退休、转业、逐月领取退役金、复员等方式妥善安置；其安置方式的适用条件，依照有关法律法规的规定执行。

第五十六条　残疾军人、患慢性病的军人退出现役后，由安置地的县级以上地方人民政府按照国务院、中央军事委员会的有关规定负责接收安置;其中,患过慢性病旧病复发需要治疗的,由当地医疗机构负责给予治疗,所需医疗和生活费用,本人经济困难的,按照国家规定给予补助。

—— 资源链接 ——

武汉市各区退役军人事务局电话一览

地区	电话
江岸区	027 – 82355837
汉江区	027 – 85573600
硚口区	027 – 83805152
汉阳区	027 – 84620523 027 – 84860060
武昌区	027 – 88938319
青山区	027 – 68860522
洪山区	027 – 87670728
东西湖区	027 – 83263373
武汉开发区(汉南区)	027 – 84730191
蔡甸区	027 – 69841695
江夏区	027 – 81810290
黄陂区	027 – 61009671
新洲区	027 – 89878076

问题2　张三有吸毒史,是否可以参加社会保险?

回答:张三可以参加社会保险,购买社会保险不会因吸毒行为而有所限制。单位职工可以参加基本养老保险、基本医疗保险、工伤保险、失业保险、生育保险;灵活就业人员可以参加基本养老保险和基本医疗保险;农村户口的村民可以参加新型农村社会养老保险、新型农村合作医疗;城镇户口的居民可以参加城镇居民社会养老保险、城镇居民基本医疗保险。

—— 法律链接 ——

《社会保险法》(2018年12月29日发布)

第十条第一、二款　职工应当参加基本养老保险,由用人单位和职工共同缴纳基本养老保险费。

无雇工的个体工商户、未在用人单位参加基本养老保险的非全日制从业人员以及其他灵活就业人员可以参加基本养老保险,由个人缴纳基本养老保险费。

第二十三条　职工应当参加职工基本医疗保险,由用人单位和职工按照国家规定共同缴纳基本医疗保险费。

无雇工的个体工商户、未在用人单位参加职工基本医疗保险的非全日制从业人员以及其他灵活就业人员可以参加职工基本医疗保险,由个人按照国家规定缴纳基本医疗保险费。

—— 资源链接 ——

武汉市城乡居民基本医疗保险参保登记流程

方法一:线上申请

登录湖北政务服务网(http://zwfw.hubei.gov.cn/),然后逐步进行以下步骤:注册并登录—在首页选择区划武汉市—个人服务—按主题分类:社会保障—基本医疗保险参保登记和变更登记—城乡居民参保登记—在线办理—上传申请材料—申报人信息填写—完成。

方法二:线下办理

地点:在武汉市任何一个街道的政务服务中心或社区居委会办事

大厅居民医保经办窗口,均可以登记办理城乡居民基本医疗保险参保登记和参保信息变更。

时间:工作日 8:30—12:00、14:00—17:00(部分服务大厅下午上班时间为 14:30—17:30)。

提交材料:有效身份证件;打印并填写《城乡居民基本医疗保险参保登记表》。

问题 3　正常缴纳基本医疗保险的吸毒人员张三,生病了是否可以使用基本医疗保险报销?

回答:张三因正常身体健康原因生病可以使用基本医疗保险报销,但是因吸毒行为本身导致的医疗支出不在报销范围内。

—— 资 源 链 接 ——

武汉市医疗费用零星报销程序

零星报销是指参保人员医疗费用未能直接结算,先由参保人员个人垫付,再向医疗保险经办机构办理报销。

地点:武汉市中心城区所在参保地的各区社保处医保科

时间:工作日 8:30—12:00、14:00—17:00(部分服务大厅下午上班时间为 14:30—17:30)。

申请材料:(1)社会保障卡(或医保电子凭证、有效身份证件);(2)医院收费票据;(3)门、急诊费用清单;(4)处方底方;(5)申请人的银行账户。

备注:(1)意外伤害就医的应提供交警事故认定书、法院判决书、调解协议书等公检法部门出具的相关证明材料复印件一份,无法提供的应填写个人承诺书;(2)急诊可要求提供急诊诊断证明。

流程:申请—受理 1 个工作日—审核 10 个工作日—拨付 4 个工

作日。

电话如下：

地区	联系电话
江岸区	027－82260080 027－82260161
江汉区	027－85617912
硚口区	027－83883501
汉阳区	027－84706019
武昌区	027－51866309
青山区	027－86867733
洪山区	027－87223106
东湖高新区	027－67880229
武汉经济开发区(汉南区)	027－84891235

问题 4 吸毒人员张三在申请居民最低生活保障[①]的过程中被强制隔离戒毒,低保申请程序是否会中断?

回答:张三的低保申请程序会中断。张三如因强制隔离戒毒造成低保申请中断,须在解除强制隔离戒毒以后重新申请。

低保申请程序因各地民政部门的实际操作不同而存在一些差异,此处以武汉市为例。依据《武汉市最低生活保障审核审批实施办法》,因吸毒导致生活困难且尚未改正的,不能享受低保待遇。因此张三再次申请低保需要证明自己已经戒毒,具体步骤为:首先,到辖区派出所指定的有尿检资质的定点医院进行 3 个月的定

① 以下简称低保。

期尿检,取得相关证明;其次,请管段户籍民警开具无吸毒或复吸行为证明;最后,带齐上述证明和本人身份证、户口簿、申请书,到所在社区办理。

——法律链接——

《武汉市最低生活保障审核审批实施办法》(2014年4月9日发布)

第四条 户籍状况、家庭收入和家庭财产是认定最低生活保障对象的三个基本要件。

持有本市常住户口的居民,凡共同生活的家庭成员人均可支配收入低于当地最低生活保障标准,且家庭财产状况符合市人民政府规定条件的,均可以申请最低生活保障。

第七条 有下列情形之一的城乡居民,原则上不享受最低生活保障待遇:

(一)一年内因赌博、嫖娼被行政处罚过的;因吸毒导致生活困难且尚未改正的;违法结婚、收养和违规生育子女且未依法缴纳社会抚养费的;

(二)家庭成员达到法定就业年龄并具有劳动能力,一年内无正当理由连续3次拒绝接受介绍与其健康状况、劳动能力等相适应的工作的;

(三)安排子女择校就读、自费出国留学的;

(四)不如实申报家庭收入和拒绝核查的;

(五)其他经民政部门按规定认定不能享受最低生活保障待遇的。

——资源链接——

武汉市低保申请程序

方法一:线上申请

登录湖北政务服务网(http://zwfw.hubei.gov.cn/),然后逐步进行以下步骤:注册并登录—选择自己户籍地或连续1年以上的居住地的居委会或村委会—选择个人服务社会保障—城乡最低生活保障对象认定—在线办理—上传申请材料—申报人信息填写—完成。

方法二:线下申请

受理条件:(1)本市常住户籍居民;(2)共同生活家庭成员月人均可支配收入低于我市城乡最低生活保障标准;(3)所拥有的住房、车辆等财产状况符合相关规定。

办理材料:(1)家庭成员(含法定赡养、扶养、抚养关系的非共同生活成员)身份证原件及复印件(原件审核后退还),家庭成员照片各3张;(2)填写《武汉市社会救助申请(审批)表》,填报家庭人口收入、财产等信息,并申明为所填报信息真实性负责;(3)家庭收入及财产证明材料或证书原件及复印件(原件审核后退还);(4)居民家庭经济状况核对授权书;(5)民政部门规定的其他需要提供的证明材料。

办理流程:(1)申请人以家庭为单位,向户籍所在地(或居住满1年的现居住地)街道办事处(乡镇人民政府)或受托的居(村)民委员会,提出书面申请,并按规定提供相关资料和证明材料;(2)街道办事处(乡镇人民政府)审核;(3)区民政局审批。

武汉市各区办理低保机构电话一览

地区	电话
江岸区	027－82330557
江汉区	027－83520015
硚口区	027－83803893
武昌区	027－88938903
新洲区	027－89357765
青山区	027－68865275

续表

地区	电话
武汉经济开发区(汉南区)	027－84756196
武汉化工区	027－86524860
洪山区	027－87385521
蔡甸区	027－69840702
江夏区	027－81819260
东西湖区	027－83893405
黄陂区	027－61006130
汉阳区	027－84630410
东湖生态旅游风景区	027－86323099
东湖新技术开发区	027－67880445

问题5　吸毒人员张三在申请低保时,同时从事一些日结工资的临时性工作,是否会影响低保的审批?

回答:上述情况不影响张三低保的审批。只要共同生活的家庭成员人均可支配收入低于当地当年城乡最低生活保障标准,而且共同生活的家庭成员拥有的全部动产和不动产等家庭财产状况符合规定的,都可以申请最低生活保障。

—— 法律链接 ——

《武汉市最低生活保障审核审批实施办法》(2014年4月9日发布)

第八条　家庭收入是指共同生活的家庭成员在规定期限内的全部可支配收入。

第九条　家庭财产是指家庭成员拥有的全部动产和不动产。

第十条　有下列情形之一的认定为超出最低生活保障标准,不予申办最低生活保障。

(一)存款和有价证券。银行存款、有价证券、债券的总值人均超过当地月最低生活保障标准24倍的;

(二)车辆。拥有机动车辆(残疾人功能性补偿代步车和两轮电动代步车辆除外)、船舶、工程机械以及拥有大型农机具的;

(三)房屋。拥有2套以上(含2套)住房(含有产权和无产权),或近3年内有新建、新购住房,且人均拥有建筑面积超过当地规定的最低标准(城镇为16平方米)的;

(四)高值物品。家庭拥有黄金、首饰、收藏品等高值物品的总价值人均超过当地月最低生活保障标准24倍的;

(五)债权。家庭拥有有价债权的总价值人均超过当地月最低生活保障标准24倍的;

(六)经济状况。家庭消费水平明显高于当地最低生活保障水平、购买高于最低生活保障标准10倍以上(含10倍)的非生活必需品或是提出申请前3个月内有大额财产转移、转让行为的;

(七)其他财产。如拥有商业门面、店铺或拥有企业、注册公司的。

第十八条　城市最低生活保障按申请前6个月家庭月人均可支配收入据实计算;农村最低生活保障按申请前12个月家庭年纯收入计算。

家庭可支配收入是指扣除缴纳的个人所得税及个人按规定缴纳的社会保障性支出后的收入。主要包括:

(一)工资性收入。指因任职或者受雇而取得的工资、薪金、奖金、劳动分红、津贴、补贴以及与任职或者受雇有关的其他所得等。

(二)家庭经营净(纯)收入。指从事生产、经营及有偿服务活动所得。包括从事种植、养殖、采集及加工等农林牧渔业的生产收入，从事工业、建筑业、手工业、交通运输业、批发和零售贸易业、餐饮业、文教卫生业和社会服务业等经营及有偿服务活动的收入等。

（三）财产性收入。包括动产收入和不动产收入。动产收入是指出让无形资产、特许权等收入，储蓄存款利息、有价证券红利、储蓄性保险投资以及其他股息和红利等收入，集体财产收入分红和其他动产收入等。不动产收入是指转租承包土地经营权、出租或者出让房产以及其他不动产收入等。

（四）转移性收入。指国家、单位、社会团体对居民家庭的各种转移支付和居民家庭间的收入转移。包括赡养费、扶养费、抚养费，离退休金、失业保险金，社会救济金、遗属补助金、赔偿收入，接受遗产收入、接受捐赠（赠送）收入等。

（五）下列收入项目不计入家庭收入：

1. 优抚对象的抚恤金、定期定量补助金、护理费，义务兵的优待金和城镇退役士兵自谋职业费；

2. 对国家、社会和人民作出特殊贡献，政府给予的一次性奖金；

3. 奖学金、助学金、勤工俭学收入及由政府和社会给予困难学生的救助金；

4. 因工负伤和意外伤害的医疗费、误工费、营养费、护理费及死亡人员的丧葬费和一次性抚恤金；

5. 见义勇为奖金；

6. 城镇居民医疗保险、新型农村合作医疗补助资金和医疗救助金；

7. 政府、社会或个人给予的临时性生活抚慰金和灾后重建救助金；

8. 独生子女费及计划生育家庭奖励扶助金；

9. 其他经市民政部门认定不宜计入家庭收入的项目。

……

问题6 张三解除强制隔离戒毒后没有工作，能否申请失业保险金？

回答：可以，法律并未将有吸毒史作为申领失业保险金的限制条件。如果张三因强制隔离戒毒被用人单位解除劳动合同，只要符合《失业保险条例》“按照规定履行缴费义务满1年的；非因本人意愿中断就业的；已办理失业登记，并有求职要求的”这三项条件，即可申领失业金。

——法律链接——

《失业保险条例》(1999年1月22日起施行)

第十四条　具备下列条件的失业人员，可以领取失业保险金：

(一)按照规定参加失业保险，所在单位和本人已按照规定履行缴费义务满1年的；

(二)非因本人意愿中断就业的；

(三)已办理失业登记，并有求职要求的。

失业人员在领取失业保险金期间，按照规定同时享受其他失业保险待遇。

问题7 张三解除强制隔离戒毒后没有工作，如何申请失业保险金？

回答：张三可以通过手机支付宝和窗口办理两种方法申请失业保险金。

方法一：手机支付宝办理

办理条件：(1)失业前所在单位已办理失业保险金申报告知及失业登记手续；(2)职工医保关系已接续至灵活就业窗口参保；(3)已进行手机支付宝实名认证；(4)持有武汉市二代以上社会保

障卡。

操作方式:登录手机支付宝—便民生活·城市服务—办事大厅·社保—市直社保服务—其他业务·失业保险金申领—校验社会保障卡等信息(如为一代社会保障卡,需更换为二代以上社会保障卡;如无武汉市社会保障卡需填写银行账户信息)—通过人脸识别进行身份认证—填写手机号码等信息—提交—提示“受理成功”—点击“确定”—完成申领手续。

申领结果可进入“其他业务·失业保险金申领查询”查询已办理申领信息。如申领填报信息有误,请持本人身份证到失业保险参保关系所在地的社会保险经办机构失业保险窗口办理失业保险金申领信息变更。

注意事项:无武汉市社会保障卡人员需提供以下任一银行账户信息:汉口银行、中国工商银行、中国农业银行、中国银行、中国建设银行、交通银行、招商银行、中国邮政储蓄银行、湖北银行、武汉农村商业银行。

方法二:窗口办理

办理条件:(1)失业前所在单位已办理失业保险金申报告知及失业登记;(2)职工医保关系已接续至灵活就业窗口参保;(3)持有武汉市二代以上社会保障卡。

办理流程:携带本人身份证、《失业保险金申领登记表》,如无武汉市社会保障卡需提供银行账户信息,到失业保险参保关系所在地的社会保险经办机构失业保险窗口办理。

发放提示:(1)每月16日前办理申领手续的失业人员,失业保险金当月发放;16日以后办理申领手续的次月发放。(2)持有武汉市二代以上社保卡的失业人员,为确保失业保险金顺利发放至本人社保卡金融账户,需先到社保卡金融账户所属银行进行金融账户初始密码变更;无社保卡人员失业保险金发放至申领登记时录入的银行账户。(3)请遵守《社会保险法》规定,如领取失业保险金期间有重新就业、应征服兵役、移居境外、享受基本养老保险待遇等情形,应及时告知社会保险经办机构停发失业保险金及相关待遇,否则将依法处理。

资源链接

武汉市各区办理失业保险机构信息一览

办理窗口	电话	地址
江岸社会保险管理处	027-82260106	江岸区建设大道1131号
江汉社会保险管理处	027-85617905	江汉区发展大道玉宇里1号
硚口社会保险管理处	027-83883525	硚口区沿河大道466号
汉阳社会保险管理处	027-84706036	汉阳区四新北路125号
武昌社会保险管理处	027-51866269	武昌区小东门紫沙路25号
青山社会保险管理处	027-86867727	青山区红卫路街建设四路21号
洪山社会保险管理处	027-87223103	洪山区书城路18号
市人社局东湖分局	027-67880136	高新大道777号
市经济技术开发区社保处	027-84739283	开拓南路29号联发大厦
江夏区失业办	027-87950057	江夏区纸坊街北华街东10号
东西湖区失业办	027-83215402	东西湖区两管一中心
新洲区失业办	027-89357004	新洲区邾城街古城大道156号
黄陂区失业办	027-61007016	黄陂区前川钓台道社会保障大楼
蔡甸区失业办	027-84948906	蔡甸大街221号蔡甸区政务中心

话题五　商业保险

问题1　张三具有吸毒史，能自行购买商业保险吗？

回答：要看具体的险种。由于吸毒对身体健康具有较大影响，购买商业医疗险或人寿险时，保险公司会要求张三提供健康检查和复查报告，一般很难承保，但是也有部分险种可以购买。具体情况可以结合自身需求打电话咨询保险公司，保险公司的客服会安排保险员和客户联系。另外，即使购买了相应的医疗险，张三因再次吸毒导致的重大疾病，保险公司可以免责不赔付。

问题2　张三购买商业保险后因被强制隔离戒毒，导致拖欠支付保险费，他需要因此支付违约金吗？

回答：如果保险合同中约定了不按期支付保险费需要支付违约金，则保险公司有权要求张三支付违约金。被强制隔离戒毒是张三自身原因造成的，保险公司没有错，而且被强制隔离戒毒也不影响张三安排亲友代为交纳保险费。不过毕竟张三被决定强制隔离戒毒期间被限制人身自由，张三可以主张本人不是故意拖欠保险费，如果保险合同约定违约金太高，可以少支付一部分违约金。

—— 法律链接 ——

《民法典》(2021年1月1日起施行)

第五百七十七条　当事人一方不履行合同义务或者履行合同义务不符合约定的,应当承担继续履行、采取补救措施或者赔偿损失等违约责任。

第五百八十五条　当事人可以约定一方违约时应当根据违约情况向对方支付一定数额的违约金,也可以约定因违约产生的损失赔偿额的计算方法。

约定的违约金低于造成的损失的,人民法院或者仲裁机构可以根据当事人的请求予以增加;约定的违约金过分高于造成的损失的,人民法院或者仲裁机构可以根据当事人的请求予以适当减少。

当事人就迟延履行约定违约金的,违约方支付违约金后,还应当履行债务。

—— 资源链接 ——

案例:广东省广州市中级人民法院二审民事判决书,(2021)粤01民终3099号

李某某向银行贷款,因需要担保,遂向保险公司投保个人信用贷款保证保险,约定保险公司提供担保,李某某需要每月支付保险金,如果李某某违约,需以尚欠全部款项为基数,从保险人赔偿当日开始按每日千分之一向保险人缴纳违约金。李某某因为被强制隔离戒毒,终止了向银行还贷和向保险公司支付保险金,保险公司替李某某偿还了贷款。保险公司起诉,要求李某某支付未偿还的贷款和未支付的保险金,并支付违约金。一审法院支持了保险公司的诉讼请求,并因为违约金过高,减轻了李某某的部分违约责任。李某某不服提起上诉,二审法院驳回上诉,维持原判。

话题六　继 承 遗 产

问题 1　张三是吸毒人员，现在正被强制隔离戒毒。张三父母如在其强制隔离戒毒期间去世，张三的吸毒史是否会影响他继承遗产？

回答：如果是法定继承，吸毒的情况不会影响张三的继承权。但是如果张三的父母生前立有遗嘱，则要根据被继承人的意愿进行遗产分割。

——法 律 链 接——

《民法典》(2021 年 1 月 1 日起施行)

第一千一百二十三条　继承开始后，按照法定继承办理；有遗嘱的，按照遗嘱继承或者遗赠办理；有遗赠扶养协议的，按照协议办理。

第一千一百二十五条　继承人有下列行为之一的，丧失继承权：

（一）故意杀害被继承人；

（二）为争夺遗产而杀害其他继承人；

（三）遗弃被继承人，或者虐待被继承人情节严重；

（四）伪造、篡改、隐匿或者销毁遗嘱，情节严重；

（五）以欺诈、胁迫手段迫使或者妨碍被继承人设立、变更或者撤回遗嘱，情节严重。

继承人有前款第三项至第五项行为，确有悔改表现，被继承人表示宽恕或者事后在遗嘱中将其列为继承人的，该继承人不丧失继承权。

受遗赠人有本条第一款规定行为的，丧失受遗赠权。

问题2 **吸毒人员张三家有兄弟姐妹三人，其父在其强制隔离戒毒期间去世，他听说大哥和二姐把所有遗产都已分割完毕，认为自己的继承权被侵害了。但是他还没有解除强制隔离戒毒，如何要回属于自己的那份遗产？**

回答：张三可以与哥哥、姐姐协商自己应当分得的遗产；如果协商不成，还可以向法院提起民事诉讼，主张自己法定继承权应当得到法律保护。张三可以书面委托律师或者家属代表本人进行协商或者提起民事诉讼。另外，继承权纠纷提起诉讼的诉讼时效为3年，通常强制隔离戒毒的实际执行时间短于或等于2年。所以，张三也可以在解除强制隔离戒毒以后，自行主张权利。

—— 法 律 链 接 ——

《民法典》（2021年1月1日起施行）

第一百八十八条　向人民法院请求保护民事权利的诉讼时效期间为三年。法律另有规定的，依照其规定。

诉讼时效期间自权利人知道或者应当知道权利受到损害以及义务人之日起计算。法律另有规定的，依照其规定。但是，自权利受到损害之日起超过二十年的，人民法院不予保护，有特殊情况的，人民法院可以根据权利人的申请决定延长。

问题3 **李四的丈夫因吸毒过量不治身亡，但她已经怀孕，这个未出生的胎儿有没有资格继承她丈夫的遗产？**

回答：胎儿有继承权，可以继承遗产。

—— 法律链接 ——

《民法典》(2021 年 1 月 1 日起施行)

第十六条　涉及遗产继承、接受赠与等胎儿利益保护的，胎儿视为具有民事权利能力。但是，胎儿娩出时为死体的，其民事权利能力自始不存在。

第一千一百五十五条　遗产分割时，应当保留胎儿的继承份额。胎儿娩出时是死体的，保留的份额按照法定继承办理。

问题 4　吸毒人员张三毒瘾发作时经常殴打、虐待父母，但是在强制隔离戒毒之后，他成功戒除毒瘾，也非常后悔以前的家庭暴力行为。现在父母对于张三之前的错误行为已经表示原谅，他的继承权还会受到影响吗？

回答：法律规定增加了对继承人的宽恕制度，继承人虐待被继承人但有悔改表现，且被继承人表示宽恕的，该继承人不丧失继承权。所以，张三的继承权不受影响。

—— 法律链接 ——

《民法典》(2021 年 1 月 1 日起施行)

第一千一百二十五条　继承人有下列行为之一的，丧失继承权：

(一)故意杀害被继承人；

(二)为争夺遗产而杀害其他继承人；

(三)遗弃被继承人，或者虐待被继承人情节严重；

(四)伪造、篡改、隐匿或者销毁遗嘱，情节严重；

(五)以欺诈、胁迫手段迫使或者妨碍被继承人设立、变更或者撤回遗嘱，情节严重。

继承人有前款第三项至第五项行为，确有悔改表现，被继承人表示宽恕或者事后在遗嘱中将其列为继承人的,该继承人不丧失继承权。

受遗赠人有本条第一款规定行为的,丧失受遗赠权。

问题5 **张三吸毒之后给家里招惹了很多麻烦事,也没有好好孝敬父母。父母是由姐姐帮忙照顾,家里大大小小的事情也是姐姐帮忙处理的。现在父亲因病去世,他想放弃继承遗产,需要办手续吗?**

回答:张三作出放弃继承的表示即可,必要时以书面形式向其他继承人作出。

如果遗产中包括不动产,通常需要放弃继承权公证。可以携带身份证、户口簿、去世人死亡证明、自己和去世人的亲属关系证明、所放弃的财产凭证到公证处办理公证。

——法律链接——

《民法典》(2021年1月1日起施行)

第一千一百二十四条　继承开始后,继承人放弃继承的,应当在遗产处理前,以书面形式作出放弃继承的表示;没有表示的,视为接受继承。

受遗赠人应当在知道受遗赠后六十日内,作出接受或者放弃受遗赠的表示;到期没有表示的,视为放弃受遗赠。

话题七　个人欠债

问题1　张三强制隔离戒毒期间，信用卡没法还款，现在逾期了，是不是只能由本人归还信用卡的透支款？

回答：可以不由本人亲自还款。信用卡还款的方式主要有4种：(1)到发卡银行的任一网点柜台还款；(2)到发卡银行任一网点的ATM还款；(3)通过信用卡客户服务电话、网上银行、银行柜台，为信用卡绑定储蓄卡，以便每月自动还款，并在还款日前将还款存入储蓄卡；(4)从其他储蓄卡转账到信用卡中还款。

张三可以把卡号告知亲属，请他们到发卡银行任一网点的柜台或ATM上还款，或者直接向信用卡中转账。在信用卡有欠款未还的情况下，往信用卡账户中转账就等同于给信用卡还款。如果信用卡绑定了张三的储蓄卡，张三的亲属也可以把钱存到储蓄卡中，由银行自动扣款。

问题2　张三由于强制隔离戒毒不能按时归还信用卡的透支款，是否可以算不可抗力？逾期的利息应该怎么计算？

回答：被强制隔离戒毒不属于不可抗力。“不可抗力”，是指不能预见、不能避免并不能克服的客观情况。由于强制隔离戒毒而无法由本人直接还款属于吸毒人员事先能够预见且可以主动避免的事项,因此不属于不可抗力。

信用卡一般在还款日后有 3 天宽限期,在宽限期内还款视同按时还款。如果超出宽限期还款,视为逾期。具体而言,还款额小于银行规定的最低还款的,利息按 0.05% 计算,另外还按最低还款额未还部分的 5% 收取滞纳金;还款额大于或等于最低还款额,小于全额还款,则仅需要按 0.05% 支付利息。

—— 法律链接 ——

《民法典》(2021 年 1 月 1 日起施行)

第一百八十条　因不可抗力不能履行民事义务的,不承担民事责任。法律另有规定的,依照其规定。

不可抗力是不能预见、不能避免且不能克服的客观情况。

问题 3　张三强制隔离戒毒期间,无法归还信用卡透支款,现在已逾期,这会不会对他的征信产生影响?能不能找强制隔离戒毒所开证明,以说明具体情况?

回答:逾期还款会对张三的征信产生影响。强制隔离戒毒所开的证明不能作为延迟还款的正当理由。因为被强制隔离戒毒是个人的错误,本来是可以避免的,因此不属于不可抗力。

建议张三在被强制隔离戒毒后,委托亲属拨打客户服务电话,及时与银行沟通,说明情况,尽量减轻不利影响,避免银行联系不上张三而将张三认定为恶意透支。逾期还款对张三信用的影响依照严重程度分为三种情况:

(1)逾期 90 天内,如果态度诚恳,主动联系银行,说明原因并及时还款,银行通常会帮助客户消除不良信用记录。

(2)如果个人征信存在非恶意、小额、短期逾期不良记录,可以在及时还款后，由信用记录的刷新覆盖来消除信用卡不良记录及其影响。信用卡记录基本只显示最近24个月的记录，以往的记录难以查询。只要在接下来的两年中按时还款，不再出现新的不良记录，原有的负面信用记录就会被覆盖，重新形成良好的信用记录。

（3）若是连续3次（也就是超过90天）或者累计超过6次逾期还款，恶意透支，金额较大，性质较为恶劣、严重的（例如，银行多次催收不还或者银行联系不上还款人），信誉污点将进入中国人民银行个人征信系统数据库，还可能被银行起诉。信用卡逾期上中国人民银行征信后，会影响日后申请信用卡、贷款等业务，在银行审核申请人资质时，很可能因为信用不良而被拒。如果逾期时间特别长，被银行到法院起诉的话，持卡人还可能被列入失信被执行人名单，这样就可能影响日常的生活，如不能进行高消费、不能乘坐高铁或飞机等。不良征信记录自持卡人还清所有欠款之日起5年后才可自动消除。

问题4　张三从网络平台贷款数万元，因被强制隔离戒毒而不便归还，强制隔离戒毒的两年需不需要还利息？

回答：具体需要参考贷款合同的约定。被强制隔离戒毒不属于不可抗力，不会影响合同的履行，因此一般情况下需要计算强制隔离戒毒期间的利息。

——法律链接——

《民法典》（2021年1月1日起施行）

第五百九十条　当事人一方因不可抗力不能履行合同的，根据不可抗力的影响，部分或者全部免除责任，但是法律另有规定的除外。

因不可抗力不能履行合同的，应当及时通知对方，以减轻可能给对方造成的损失，并应当在合理期限内提供证明。

当事人迟延履行后发生不可抗力的，不免除其违约责任。

问题5 **张三在被决定强制隔离戒毒之前向别人借了一笔钱，现在到了约定还钱的时候，因为强制隔离戒毒他没有能力还款，出借人也没有催债，他是否需要支付一大笔利息？**

回答：张三在借款时没有与出借人约定利息的，则不用支付利息或者滞纳金。如果事先约定了利息，从其约定。关于利息的额度问题，按照合同约定或相关法律规定。

—— 法律链接 ——

《民法典》(2021年1月1日起施行)

第六百七十四条　借款人应当按照约定的期限支付利息。对支付利息的期限没有约定或者约定不明确，依据本法第五百一十条的规定仍不能确定，借款期间不满一年的，应当在返还借款时一并支付；借款期间一年以上的，应当在每届满一年时支付，剩余期间不满一年的，应当在返还借款时一并支付。

第六百七十六条　借款人未按照约定的期限返还借款的，应当按照约定或者国家有关规定支付逾期利息。

第六百八十条　禁止高利放贷，借款的利率不得违反国家有关规定。

借款合同对支付利息没有约定的，视为没有利息。

借款合同对支付利息约定不明确，当事人不能达成补充协议的，按照当地或者当事人的交易方式、交易习惯、市场利率等因素确定利息；自然人之间借款的，视为没有利息。

《最高人民法院关于审理民间借贷案件适用法律若干问题的规定》(2020年12月29日发布,2021年1月1日起施行)

第二十四条　借贷双方没有约定利息,出借人主张支付利息的,人民法院不予支持。

自然人之间借贷对利息约定不明,出借人主张支付利息的,人民法院不予支持。除自然人之间借贷的外,借贷双方对借贷利息约定不明,出借人主张利息的,人民法院应当结合民间借贷合同的内容,并根据当地或者当事人的交易方式、交易习惯、市场报价利率等因素确定利息。

第二十五条　出借人请求借款人按照合同约定利率支付利息的,人民法院应予支持,但是双方约定的利率超过合同成立时一年期贷款市场报价利率四倍的除外。

前款所称"一年期贷款市场报价利率",是指中国人民银行授权全国银行间同业拆借中心自2019年8月20日起每月发布的一年期贷款市场报价利率。

问题6　吸毒人员张三欠了别人一笔钱,没有约定什么时候还,在强制隔离戒毒期间会不会被催债?

回答:可能被催债。关于债务清偿,双方有约定的从其约定;没有约定的,贷款人可以在合理期限内要求返还。

——法律链接——

《民法典》(2021年1月1日起施行)

第五百一十条　合同生效后,当事人就质量、价款或者报酬、履行地点等内容没有约定或者约定不明确的,可以协议补充;不能达成补充协议的,按照合同相关条款或者交易习惯确定。

第六百七十五条　借款人应当按照约定的期限返还借款。对借款期限没有约定或者约定不明确,依据本法第五百一十条的规定仍不能确定的,借款人可以随时返还;贷款人可以催告借款人在合理期限内返还。

话题八　夫妻欠债及离婚时财产分割

问题1　吸毒人员张三的配偶在婚姻存续期间花钱大手大脚，很多东西都是刷银行信用卡购买的。张三现在决定与配偶离婚，信用卡欠款是否属于夫妻共同债务，是否需要张三一起偿还？

回答：债务是否属于夫妻共同债务，应依照《民法典》规定的情形进行判断。张三需要偿还的夫妻共同债务有两种情形：其一，如果张三配偶名下的信用卡贷款是在婚姻存续期间用于家庭日常生活所负债务，则该部分贷款属于夫妻共同债务，需要共同偿还。其二，如果张三配偶名下的信用卡贷款超出家庭日常生活需要，债权人能够证明该债务用于夫妻共同生活、共同生产经营或者基于夫妻双方共同意思表示的，属于夫妻共同债务，需要共同偿还。

家庭日常生活需要应指通常情况下必要的家庭日常消费，主要包括正常的衣食消费、日用品购买、子女教育、老人赡养等各项费用，是维系一个家庭正常生活所必需的开支。在审判实际中，法官会综合考虑夫妻感情、夫妻家庭背景（职业、夫妻收入、消费习惯、子女抚养、老人赡养等）、债务金额等情形，认定债务是否为家庭日常生活需要所负。

—— 法律链接 ——

《民法典》(2021 年 1 月 1 日起施行)

第一千零六十四条　夫妻双方共同签名或者夫妻一方事后追认等共同意思表示所负的债务,以及夫妻一方在婚姻关系存续期间以个人名义为家庭日常生活需要所负的债务,属于夫妻共同债务。

夫妻一方在婚姻关系存续期间以个人名义超出家庭日常生活需要所负的债务,不属于夫妻共同债务;但是,债权人能够证明该债务用于夫妻共同生活、共同生产经营或者基于夫妻双方共同意思表示的除外。

第一千零八十九条　离婚时,夫妻共同债务应当共同偿还。共同财产不足清偿或者财产归各自所有的,由双方协议清偿;协议不成的,由人民法院判决。

问题 2　结婚以后,张三为了吸毒瞒着配偶到处找人借钱,并借了高利贷。现在债主找上门追债,这些债务属于夫妻共同债务吗?

回答:吸毒人员张三为了吸毒以个人名义所负债务不属于夫妻共同债务,系个人债务,不需要夫妻共同偿还,而由张三个人偿还。

—— 法律链接 ——

《最高人民法院关于适用〈中华人民共和国民法典〉婚姻家庭编的解释(一)》(2021 年 1 月 1 日起施行)

第三十四条　夫妻一方与第三人串通,虚构债务,第三人主张该债务为夫妻共同债务的,人民法院不予支持。

夫妻一方在从事赌博、吸毒等违法犯罪活动中所负债务,第三人主张该债务为夫妻共同债务的,人民法院不予支持。

问题3　张三经商赚了不少钱，染上毒瘾之后几乎耗尽家财，现在配偶要跟张三离婚，张三的吸毒史会影响其离婚时分配财产吗？

回答：如果是协议离婚，可以根据夫妻双方的协商情况来分割财产。如果是诉讼离婚，张三的吸毒史会影响其离婚时分配夫妻共同财产。

诉讼离婚时，夫妻共同财产的分配应依照《民法典》规定的条件和程序进行。原则上，离婚时夫妻的共同财产由双方平均分配。特殊情况下，人民法院可以按照无过错方权益保障的原则作出财产分配判决。吸毒行为属于自身过错行为，因此法官可以根据自由裁量权，在财产分割时作出对未吸毒一方更有利的判决。

—— 法律链接 ——

《民法典》(2021年1月1日起施行)

第一千零八十七条　离婚时，夫妻的共同财产由双方协议处理；协议不成的，由人民法院根据财产的具体情况，按照照顾子女、女方和无过错方权益的原则判决。

对夫或者妻在家庭土地承包经营中享有的权益等，应当依法予以保护。

第一千零九十一条　有下列情形之一，导致离婚的，无过错方有权请求损害赔偿：

（一）重婚；

（二）与他人同居；

（三）实施家庭暴力；

（四）虐待、遗弃家庭成员；

（五）有其他重大过错。

专栏三　“孩子”

话题九　戒毒期间孩子的照料

问题 1　张三及其配偶因吸食毒品被强制隔离戒毒，他们的子女尚年幼且在家中无人抚养，该怎么办？

回答：父母吸食毒品被强制隔离戒毒，属于突发事件的紧急情况，监护人暂时无法履行监护职责，被监护人处于无人照料状态的，被监护人住所地的居民委员会、村民委员会或者民政部门应当为被监护人安排必要的临时生活照料。

如果父母双方均被强制隔离戒毒，张三的亲友或者相关部门可以申请认定张三的子女为“事实无人抚养儿童”，即事实孤儿。民政部门应当依法对未成年人进行临时监护，由此未成年人能够享受社会保障服务。事实无人抚养儿童补贴标准如下：(1)监护人抚养每月补贴标准：按散居孤儿人均 1274 元/月的保障来发放；(2)集中供养每月补贴标准：由儿童福利机构供养或集中供养的，按人均 1974 元/月的标准来发放。生活补贴实行社会化发放，按月直接拨付至事实无人抚养儿童本人或其监护人的银行卡或银行账户。集中供养的事实无人抚养儿童生活补贴直接拨付到福利机构的集体账户。

——法律链接——

《民法典》(2021 年 1 月 1 日起施行)

第三十四条　监护人的职责是代理被监护人实施民事法律行为,保护被监护人的人身权利、财产权利以及其他合法权益等。

监护人依法履行监护职责产生的权利,受法律保护。

监护人不履行监护职责或者侵害被监护人合法权益的,应当承担法律责任。

因发生突发事件等紧急情况,监护人暂时无法履行监护职责,被监护人的生活处于无人照料状态的,被监护人住所地的居民委员会、村民委员会或者民政部门应当为被监护人安排必要的临时生活照料措施。

《国务院关于加强困境儿童保障工作的意见》(2016 年 6 月 13 日发布并实施)

二、加强困境儿童分类保障

针对困境儿童生存发展面临的突出问题和困难,完善落实社会救助、社会福利等保障政策,合理拓展保障范围和内容,实现制度有效衔接,形成困境儿童保障政策合力。

(一)保障基本生活。对于无法定抚养人的儿童,纳入孤儿保障范围。对于无劳动能力、无生活来源、法定抚养人无抚养能力的未满 16 周岁儿童,纳入特困人员救助供养范围。对于法定抚养人有抚养能力但家庭经济困难的儿童,符合最低生活保障条件的纳入保障范围并适当提高救助水平。对于遭遇突发性、紧迫性、临时性基本生活困难家庭的儿童,按规定实施临时救助时要适当提高对儿童的救助水平。对于其他困境儿童,各地区也要做好基本生活保障工作。

《民政部、最高人民法院、最高人民检察院、发展改革委、教育部、公安部、司法部、财政部、医疗保障局、共青团中央、全国妇联、中国残联关于进一步加强事实无人抚养儿童保障工作的意见》(2019年6月18日发布)

一、明确保障对象

事实无人抚养儿童是指父母双方均符合重残、重病、服刑在押、强制隔离戒毒、被执行其他限制人身自由的措施、失联情形之一的儿童;或者父母一方死亡或失踪,另一方符合重残、重病、服刑在押、强制隔离戒毒、被执行其他限制人身自由的措施、失联情形之一的儿童。

以上重残是指一级二级残疾或三级四级精神、智力残疾;重病由各地根据当地大病、地方病等实际情况确定;失联是指失去联系且未履行监护抚养责任6个月以上;服刑在押、强制隔离戒毒或被执行其他限制人身自由的措施是指期限在6个月以上;死亡是指自然死亡或人民法院宣告死亡,失踪是指人民法院宣告失踪。

二、规范认定流程

(一)申请。事实无人抚养儿童监护人或受监护人委托的近亲属填写《事实无人抚养儿童基本生活补贴申请表》(见附件),向儿童户籍所在地乡镇人民政府(街道办事处)提出申请。情况特殊的,可由儿童所在村(居)民委员会提出申请。

(二)查验。乡镇人民政府(街道办事处)受理申请后,应当对事实无人抚养儿童父母重残、重病、服刑在押、强制隔离戒毒、被执行其他限制人身自由的措施、失联以及死亡、失踪等情况进行查验。查验一般采取部门信息比对的方式进行。因档案管理、数据缺失等原因不能通过部门信息比对核实的,可以请事实无人抚养儿童本人或其监护人、亲属协助提供必要补充材料。乡镇人民政府(街道办事处)应当在自收到申请之日起15个工作日内作出查验结论。对符合条件的,连同申报材料一并报县级民政部门。对有异议的,可根据工作需要采取入户调查、邻里访问、信函索证、群众评议等方式再次进行核实。为保护儿童隐私,不宜设置公示环节。

(三)确认。县级民政部门应当在自收到申报材料及查验结论之日起15个工作日内作出确认。符合条件的,从确认的次月起纳入保障范围,同时将有关信息录入"全国儿童福利信息管理系统"。不符合保障条件的,应当书面说明理由。

(四)终止。规定保障情形发生变化的,事实无人抚养儿童监护人或受委托的亲属、村(居)民委员会应当及时告知乡镇人民政府(街道办事处)。乡镇人民政府(街道办事处)、县级民政部门要加强动态管理,对不再符合规定保障情形的,应当及时终止其保障资格。

《未成年人保护法》(2020年10月17日发布,2021年6月1日起施行)

第九十二条　具有下列情形之一的,民政部门应当依法对未成年人进行临时监护:

(一)未成年人流浪乞讨或者身份不明,暂时查找不到父母或者其他监护人;

(二)监护人下落不明且无其他人可以担任监护人;

(三)监护人因自身客观原因或者因发生自然灾害、事故灾难、公共卫生事件等突发事件不能履行监护职责,导致未成年人监护缺失;

(四)监护人拒绝或者怠于履行监护职责,导致未成年人处于无人照料的状态;

(五)监护人教唆、利用未成年人实施违法犯罪行为,未成年人需要被带离安置;

(六)未成年人遭受监护人严重伤害或者面临人身安全威胁,需要被紧急安置;

(七)法律规定的其他情形。

第九十三条　对临时监护的未成年人，民政部门可以采取委托亲属抚养、家庭寄养等方式进行安置，也可以交由未成年人救助保护机构或者儿童福利机构进行收留、抚养。

临时监护期间，经民政部门评估，监护人重新具备履行监护职责条件的，民政部门可以将未成年人送回监护人抚养。

第九十六条　民政部门承担临时监护或者长期监护职责的，财政、教育、卫生健康、公安等部门应当根据各自职责予以配合。

县级以上人民政府及其民政部门应当根据需要设立未成年人救助保护机构、儿童福利机构，负责收留、抚养由民政部门监护的未成年人。

—— 资源链接 ——

武汉市民政局电话：027－85736086（工作时间）、027－85765847（非工作时间）

武汉市各区民政局信息如下：

武汉市各区民政局信息一览

单位	电话	地址
江岸区民政局	027－82739285	武汉市江岸区六合路1号
江汉区民政局	027－83520003	武汉市江汉区复兴一村常腾街8号
硚口区民政局	027－83780404	武汉市硚口区武胜路集贤路特1号华通花园1号楼
汉阳区民政局	027－84620900	武汉市汉阳区墨水湖北路105号
武昌区民政局	027－88938907	武汉市武昌区中山路312号
青山区民政局	027－68865272	武汉市青山区临江大道868号区政府综合楼三层
洪山区民政局	027－87390352	武汉市洪山区书城路（临）48号九重大厦二层至三层
蔡甸区民政局	027－69844295	武汉市蔡甸区蔡甸街蔡甸大道223号

续表

单位	电话	地址
江夏区民政局	027－81819090	武汉市江夏区文化大道35号
东西湖区民政局	027－83898487	武汉市东西湖区吴家山街东吴大道1291号
武汉开发区（汉南区）民政局	027－84892955	武汉经济技术开发区市民服务中心B区3楼
黄陂区民政局	027－61002232	武汉市黄陂区前川街百秀街183号
新洲区民政局	027－89352370	武汉市新洲区邾城街齐安大道131号
东湖新技术开发区社会发展局	027－67880445	武汉东湖新技术开发区高新大道777号
东湖生态旅游风景区城乡工作处	027－86774366	武汉市欢乐大道369号东湖建材市场东湖风景区城乡办事处

问题2 离婚诉讼中，法院将子女的抚养权判给张三的配偶，解除强制隔离戒毒以后张三能不能去探望子女？

回答：孩子的抚养权判给张三的配偶之后，张三可以去探望孩子。离婚后，抚养权交给一方的，另一方享有探望权，该方不得拒绝对方的探望。对于拒不配合权利人行使探望权的监护人，法院可要求监护人予以配合，比如送到指定地点由另一方探望。如果监护人拒不配合，法院不能以强行把孩子送到某地等方式来执行，可以依法对拒不履行判决的监护人根据情节严重程度决定实施罚款、拘留等措施。

—— 法律链接 ——

《民法典》（2021年1月1日起施行）

第一千零八十四条　父母与子女间的关系，不因父母离婚而消除。离婚后，子女无论由父或者母直接抚养，仍是父母双方的子女。

离婚后，父母对于子女仍有抚养、教育、保护的权利和义务。

离婚后，不满两周岁的子女，以由母亲直接抚养为原则。已满两周岁的子女，父母双方对抚养问题协议不成的，由人民法院根据双方的具体情况，按照最有利于未成年子女的原则判决。子女已满八周岁的，应当尊重其真实意愿。

第一千零八十六条　离婚后，不直接抚养子女的父或者母，有探望子女的权利，另一方有协助的义务。

行使探望权利的方式、时间由当事人协议；协议不成的，由人民法院判决。

父或者母探望子女，不利于子女身心健康的，由人民法院依法中止探望；中止的事由消失后，应当恢复探望。

问题3　张三与配偶因感情破裂而离婚，离婚时法院判决由张三抚养子女，后来张三被强制隔离戒毒，张三的前妻（或前夫）能否以张三被强制隔离戒毒为由变更子女的抚养关系？

回答：张三同意前妻（或前夫）变更子女抚养关系的，可以变更。如果张三不同意，张三的前妻（或前夫）可以到法院提起民事诉讼，主张变更抚养关系。不过，法院不会仅依据张三被强制隔离戒毒就判决变更子女的抚养关系，还要结合张三是否无力抚养子女、是否不尽抚养义务或具有其他不利于子女身心健康成长的情形来综合判定。因此，张三在被强制隔离戒毒期间，如果委托亲属如子女的爷爷奶奶等尽力照顾孩子，也属于张三履行了抚养义务，仍然可以主张不变更对子女的抚养关系。

——法律链接——

《最高人民法院关于适用〈中华人民共和国民法典〉婚姻家庭编的解释(一)》(2021年1月1日起施行)

第五十六条　具有下列情形之一,父母一方要求变更子女抚养关系的,人民法院应予支持:

(一)与子女共同生活的一方因患严重疾病或者因伤残无力继续抚养子女;

(二)与子女共同生活的一方不尽抚养义务或有虐待子女行为,或者其与子女共同生活对子女身心健康确有不利影响;

(三)已满八周岁的子女,愿随另一方生活,该方又有抚养能力;

(四)有其他正当理由需要变更。

第五十七条　父母双方协议变更子女抚养关系的,人民法院应予支持。

——资源链接——

案例:江苏省盐城市中级人民法院二审民事判决书,(2016)苏09民终字第4225号

基本案情:王某某与吴某某于2001年1月9日登记结婚,婚后未生育子女。后双方领养一女孩取名吴某乙(登记出生日期为2010年2月5日)。因王某某与吴某某感情不和,长期分居,王某某于2014年8月27日诉至法院,要求与吴某某离婚。法院经审理后作出(2014)都龙民初字第0312号民事判决书,判决双方离婚,吴某乙随吴某某生活,现王某某诉至该院,要求变更抚养关系。

案件焦点:父亲吸毒,母亲要求变更抚养关系是否应支持。

江苏省盐城市盐都区人民法院经审理认为:王某某与吴某某原系夫妻关系,在婚姻关系存续期间收养女孩吴某乙。在法院判决双方离婚时,判决吴某乙随吴某某生活。现王某某要求变更抚养关系,但未

能提交证据证明吴某某无力抚养吴某乙或不尽抚养义务及其他不利于吴某乙身心健康成长的情形，且吴某乙一直随吴某某及其父母生活，从有利于其学习、生活的角度考虑，吴某乙仍随吴某某生活为宜。故对王某某要求变更抚养关系的请求，该院不予支持。江苏省盐城市盐都区人民法院作出一审判决后，王某某不服提起上诉，请求撤销一审判决，发回重审或依法改判。

江苏省盐城市中级人民法院经审理认为：离婚后，父母对于子女仍有抚养和教育的权利和义务。本案中，上诉人王某某与被上诉人吴某某系吴某乙父母，双方离婚后对吴某乙仍具有抚养和教育的权利和义务。在一审法院判决上诉人与被上诉人离婚后，吴某乙一直随被上诉人及被上诉人父母生活。根据上诉人自认，离婚后其未给付吴某乙抚养费，故其对吴某乙未尽到母亲应尽的责任。根据吴某乙所述，其与被上诉人父母吴某甲、薛某某共同生活得很开心，要求与吴某甲、薛某某继续共同生活。虽然被上诉人目前被强制隔离戒毒，但其对吴某乙的生活也已做妥善安排，暂由吴某甲、薛某某照顾吴某乙起居。从不改变吴某乙生活、学习环境和尊重未成年人意愿的角度，一审法院判决驳回王某某要求变更抚养关系的诉请，并无不当。

综上所述，上诉人王某某的上诉请求不能成立，应予驳回；一审判决认定事实清楚，适用法律正确，应予维持。

问题4　**吸毒人员张三和配偶离婚时，孩子判给了张三，后来张三继续吸毒并经常打孩子。张三的前妻（或前夫）提起诉讼，法院以虐待孩子为由撤销张三的监护权并判决孩子交由张三的前妻（或前夫）抚养。强制隔离戒毒期间，张三需要支付子女的抚养费吗？**

回答：张三被撤销监护人资格以后，其在强制隔离戒毒期间以及解除强制隔离戒毒以后，均需要支付子女的抚养费，直至子女成年或者独立生活。

——法律链接——

《民法典》(2021年1月1日起施行)

第三十七条　依法负担被监护人抚养费、赡养费、扶养费的父母、子女、配偶等,被人民法院撤销监护人资格后,应当继续履行负担的义务。

第一千零六十七条第一款　父母不履行抚养义务的,未成年子女或者不能独立生活的成年子女,有要求父母给付抚养费的权利。

《最高人民法院关于适用〈中华人民共和国民法典〉婚姻家庭编的解释(一)》(2021年1月1日起施行)

第四十一条　尚在校接受高中及其以下学历教育,或者丧失、部分丧失劳动能力等非因主观原因而无法维持正常生活的成年子女,可以认定为民法典第一千零六十七条规定的“不能独立生活的成年子女”。

第四十二条　民法典第一千零六十七条所称“抚养费”,包括子女生活费、教育费、医疗费等费用。

第四十九条　抚养费的数额,可以根据子女的实际需要、父母双方的负担能力和当地的实际生活水平确定。

有固定收入的,抚养费一般可以按其月总收入的百分之二十至三十的比例给付。负担两个以上子女抚养费的,比例可以适当提高,但一般不得超过月总收入的百分之五十。

无固定收入的,抚养费的数额可以依据当年总收入或者同行业平均收入,参照上述比例确定。

有特殊情况的,可以适当提高或者降低上述比例。

第五十条　抚养费应当定期给付,有条件的可以一次性给付。

第五十三条　抚养费的给付期限,一般至子女十八周岁为止。

十六周岁以上不满十八周岁,以其劳动收入为主要生活来源,并能维持当地一般生活水平的,父母可以停止给付抚养费。

话题十　离婚及离婚后孩子的抚养

问题 1　张三目前在强制隔离戒毒中，张三的配偶来探望张三并提出想离婚，双方能否协议离婚？

回答：离婚有协议离婚和诉讼离婚两种方式。协议离婚，是指夫妻双方自愿离婚的，签订书面离婚协议，并亲自到婚姻登记机关申请离婚登记的一种离婚方式。因为张三在强制隔离戒毒中，人身自由受到限制，无法前往民政局办理协议离婚手续，所以原则上不能协议离婚。

因此，张三的配偶只能选择到法院起诉离婚。由于张三正在被采取强制性教育措施，根据法律规定，张三的配偶可以准备起诉状、身份证、结婚证、夫妻感情破裂的证据，向原告住所地或者经常居住地的人民法院提起诉讼。起诉状副本等文件可委托戒毒所工作人员转交张三。后续程序进展有以下四种情形：其一，如果张三同意离婚，且对子女和财产问题没有异议，法院可以调解结案；其二，如果张三不同意离婚，法院考虑到张三在戒毒所内不便参加诉讼，可以与戒毒所工作人员进行沟通协调后前往戒毒所审理该案；其三，根据张三在强制隔离戒毒期间的具体情况，法院也可能适用审限延长、诉讼中止等制度暂缓审理，等张三解除强制隔离戒毒以后再开庭审理；其四，张三在强制隔离戒毒期间，可以书面委托诉讼代理人,同时提交本人对于是否同意离婚、夫妻共同财产分配以及子女抚养问题的书面意见,诉讼代理人代其出庭的,离婚诉讼的庭审可以正常进行。

——法律链接——

《民事诉讼法》(2021年12月24日发布,2022年1月1日起施行)

第二十二条第一款　对公民提起的民事诉讼,由被告住所地人民法院管辖;被告住所地与经常居住地不一致的,由经常居住地人民法院管辖。

第二十三条　下列民事诉讼,由原告住所地人民法院管辖;原告住所地与经常居住地不一致的,由原告经常居住地人民法院管辖:

(一)对不在中华人民共和国领域内居住的人提起的有关身份关系的诉讼;

(二)对下落不明或者宣告失踪的人提起的有关身份关系的诉讼;

(三)对被采取强制性教育措施的人提起的诉讼;

(四)对被监禁的人提起的诉讼。

第六十一条　当事人、法定代理人可以委托一至二人作为诉讼代理人。

下列人员可以被委托为诉讼代理人:

(一)律师、基层法律服务工作者;

(二)当事人的近亲属或者工作人员;

(三)当事人所在社区、单位以及有关社会团体推荐的公民。

第六十二条　委托他人代为诉讼,必须向人民法院提交由委托人签名或者盖章的授权委托书。

授权委托书必须记明委托事项和权限。诉讼代理人代为承认、放弃、变更诉讼请求,进行和解,提起反诉或者上诉,必须有委托人的特别授权。

侨居在国外的中华人民共和国公民从国外寄交或者托交的授权委托书,必须经中华人民共和国驻该国的使领馆证明;没有使领馆的,由与中华人民共和国有外交关系的第三国驻该国的使领馆证明,再转由中华人民共和国驻该第三国使领馆证明,或者由当地的爱国华侨团体证明。

第六十五条　离婚案件有诉讼代理人的,本人除不能表达意思的以外,仍应出庭;确因特殊情况无法出庭的,必须向人民法院提交书面意见。

第一百三十八条　人民法院审理民事案件,根据需要进行巡回审理,就地办案。

第一百五十二条　人民法院适用普通程序审理的案件,应当在立案之日起六个月内审结。有特殊情况需要延长的,经本院院长批准,可以延长六个月;还需要延长的,报请上级人民法院批准。

第一百五十三条　有下列情形之一的,中止诉讼:

(一)一方当事人死亡,需要等待继承人表明是否参加诉讼的;

(二)一方当事人丧失诉讼行为能力,尚未确定法定代理人的;

(三)作为一方当事人的法人或者其他组织终止,尚未确定权利义务承受人的;

(四)一方当事人因不可抗拒的事由,不能参加诉讼的;

(五)本案必须以另一案的审理结果为依据,而另一案尚未审结的;

(六)其他应当中止诉讼的情形。

中止诉讼的原因消除后,恢复诉讼。

—— 资源链接 ——

案例:甘肃省庆阳市中级人民法院二审民事判决书,(2014)庆中民终字第529号

一审法院查明:芮某与张某某于2009年经人介绍认识,同年11月26日在甘肃省庆阳市西峰区民政局登记结婚。婚后夫妻感情一

般,未生育子女。在共同生活中,双方常因生活琐事争吵打架,发生矛盾后难以沟通,经常分居。2012 年双方因琐事打架后芮某回娘家居住未归。2013 年 3 月 11 日芮某起诉要求离婚,因张某某下落不明,芮某未交纳公告费,庆阳市西峰区人民法院于 2013 年 5 月 8 日以(2013)庆西民初字第 783 号民事裁定书裁定本案按原告撤诉处理。2013 年 7 月 28 日,张某某因吸毒被甘肃省庆阳市公安局西峰分局抓获,现在甘肃省第二强制隔离戒毒所强制戒毒。2013 年 12 月 21 日芮某再次起诉要求离婚。

又查,双方结婚时彩礼为 10,000 元,芮某陪嫁物有"海尔"电冰箱 1 台、被子 2 床;婚后无共同财产、债权及债务。

一审法院审理认为:芮某与张某某经人介绍认识后结婚,婚前双方缺乏了解,婚后双方在性格、生活习惯、志趣等方面均存在较大差异,彼此很难沟通,夫妻发生矛盾后,互不谅解,分多聚少,夫妻感情淡漠;张某某对家庭生活不负责任,吸食毒品,致夫妻感情破裂,芮某请求离婚,张某某亦同意离婚,应予准许。双方婚后无共同财产,对于陪嫁物芮某予以放弃,应尊重其意愿。关于张某某要求返还彩礼的问题,适用《最高人民法院关于适用〈中华人民共和国婚姻法〉若干问题的解释(二)》第 10 条第 1 款(现为《最高人民法院关于适用〈中华人民共和国民法典〉婚姻家庭编的解释(一)》第 5 条第 1 款)"当事人请求返还按照习俗给付的彩礼的,如果查明属于以下情形,人民法院应当予以支持:(一)双方未办理结婚登记手续的;(二)双方办理结婚登记手续但确未共同生活的;(三)婚前给付并导致给付人生活困难的"的规定。双方的情形不符合上述规定,故对于张某某的请求不予支持。依照《婚姻法》第 32、39 条(现为《民法典》第 1079、1087 条)之规定,判决:(1)准予芮某与张某某离婚;(2)陪嫁物"海尔"电冰箱 1 台、被子 2 床归张某某所有(现在张某某家中)。案件受理费 100 元,由芮某负担50元,张某某负担50元。

上诉人张某某不服一审判决,上诉称:由于家境困难,结婚时的花销全部来自银行贷款,婚后收入微薄,贷款无力归还,导致生活困难,符合《最高人民法院关于适用〈中华人民共和国婚姻法〉若干问题的解释(二)》第10条第1款第3项(现为《最高人民法院关于适用〈中华人民共和国民法典〉婚姻家庭编的解释(一)》第5条第1款第3项)规定的情形,请求返还彩礼10,000元。

被上诉人芮某答辩认为:在共同生活期间,上诉人不负责任,对被上诉人的生活不照顾。上诉人先后借被上诉人父亲现金2000元,借被上诉人朋友500元,并经常殴打被上诉人。故不同意返还彩礼。

一审判决认定的事实,法院予以确认。二审法院认为:芮某与张某某婚前彼此缺乏了解,婚后共同生活中不能妥善处理双方之间的关系,致使夫妻关系不睦。加之,张某某对家庭生活不负责任,吸食毒品,原判认定夫妻感情确已破裂,准予双方离婚正确。本案的争议焦点为:张某某婚前按照习俗给付芮某的彩礼应否返还的问题。考虑到当事人的家庭生活状况、婚姻关系存续与共同生活的时间、离婚原因和过错程度、居住地域条件及当地给付彩礼习俗等综合因素,原审对上诉人请求返还彩礼的请求不予支持,并不违背《最高人民法院关于适用〈中华人民共和国婚姻法〉若干问题的解释(二)》第10条(现为《最高人民法院关于适用〈中华人民共和国民法典〉婚姻家庭编的解释(一)》第5条)规定的精神,且本案中亦无相关证据证实,存在符合彩礼返还情形。故原判认定事实清楚,适用法律正确,判处并无不当。张某某的上诉理由不能成立,其上诉请求不予支持。依据2017年《民事诉讼法》第170条第1款第1项(现为2021年《民事诉讼法》第177条第1款第1项)之规定,判决如下:

驳回上诉,维持原判。

上诉案件受理费100元,由上诉人张某某负担。

问题2　张三目前在强制隔离戒毒,其配偶来戒毒所看他,告诉他要去法院起诉离婚。这种情况下人民法院会判决离婚吗?

回答:根据上述情况,法院可以依法受理张三配偶的离婚诉讼请求并判决离婚。诉讼离婚应当按照《民法典》规定的条件和程序进行。若张三的配偶要求离婚,可以由有关组织进行调解或者直接向人民法院提起离婚诉讼。张三的配偶直接向人民法院提起离婚诉讼的,人民法院应当受理。受理案件后,人民法院应当进行调解,调解无效的,应按照《民法典》第1079条规定的情形判决离婚。

司法实践中,人民法院是否会判决离婚主要参考以下情形:吸毒方是否属于吸毒再犯、屡教不改;吸毒方是否具有赌博、出轨等其他过错;夫妻感情是否确已破裂。若存在上述情形之一,法院一般会判决离婚。

——法律链接——

《民法典》(2021年1月1日起施行)

第一千零七十九条　夫妻一方要求离婚的,可以由有关组织进行调解或者直接向人民法院提起离婚诉讼。

人民法院审理离婚案件,应当进行调解;如果感情确已破裂,调解无效的,应当准予离婚。

有下列情形之一,调解无效的,应当准予离婚:

(一)重婚或者与他人同居;

（二）实施家庭暴力或者虐待、遗弃家庭成员；

（三）有赌博、吸毒等恶习屡教不改；

（四）因感情不和分居满二年；

（五）其他导致夫妻感情破裂的情形。

一方被宣告失踪，另一方提起离婚诉讼的，应当准予离婚。

经人民法院判决不准离婚后，双方又分居满一年，一方再次提起离婚诉讼的，应当准予离婚。

——资源链接——

案例1：山西省大同市中级人民法院二审民事判决书，(2020)晋02民终695号

原告薛某上诉请求：(1)撤销大同市云冈区人民法院(2019)晋0214民初2197号民事判决；(2)改判解除上诉人薛某与被上诉人李某之间的婚姻关系，婚生子李某1由上诉人薛某抚养，被上诉人李某负担每月1000元抚养费；(3)诉讼费由被上诉人李某承担。事实和理由：上诉人薛某与被上诉人李某感情初期尚好，但婚后被上诉人沾染吸毒恶习且不愿悔改，双方因此经常争吵，现夫妻感情完全破裂，没有继续共同生活的可能。

二审法院判决不准予原告薛某与被告李某离婚。理由是：原告薛某、被告李某自由恋爱相识婚姻基础较为牢固，并生有子女，婚后感情较好，双方因家庭琐事产生矛盾，应当加强沟通，增进理解与信任，互谅互让，互相扶持，及时化解矛盾，被告不愿意离婚并下定决心改掉吸毒恶习，原告作为妻子应当采取积极的态度帮助被告戒掉毒瘾，而不应草率离婚。且原告主张夫妻感情已破裂，没有相应的证据支持。故对原告要求与被告离婚的诉讼请求，依法不予支持。

案例2：云南省临沧市中级人民法院二审民事判决书，(2019)云09民终571号

被告徐某上诉称：不服一审法院准许刘某与徐某离婚的民事判决，请求二审法院酌情重新判决。

二审法院经调解无效，判决准许刘某与徐某离婚。理由为：徐某不珍惜双方之间多年来的夫妻感情，2015年开始吸食毒品，2016年因吸食毒品被强制戒毒，2017年5月强制戒毒被释放后，于2018年4月再次因吸食毒品被强制戒毒至今。综上所述，徐某有吸毒恶习，且屡教不改，导致夫妻关系名存实亡。刘某起诉离婚，说明夫妻感情无修好的迹象。从双方的婚姻现状、徐某的过错程度及刘某的离婚态度等方面综合考量，双方夫妻感情确已破裂，已无和好的可能。现刘某坚决要求离婚，徐某不同意离婚，经调解无效，应准许离婚。二审法院判决准许刘某与徐某离婚。

问题3　张三有吸毒行为，但张三的配偶在婚姻中也存在违反夫妻忠实义务的情形，诉讼离婚的情况下人民法院会如何判决？

回答：司法实践中，人民法院判决离婚和认定过错主要参考以下情形：吸毒方是否属于吸毒再犯、屡教不改；吸毒方是否具有赌博、出轨等其他过错；夫妻感情是否确已破裂。若存在上述情形之一的，法院一般会判决离婚。

——法律链接——

《民法典》(2021年1月1日起施行)

第一千零七十九条　夫妻一方要求离婚的，可以由有关组织进行调解或者直接向人民法院提起离婚诉讼。

人民法院审理离婚案件，应当进行调解；如果感情确已破裂，调解无效的，应当准予离婚。

有下列情形之一，调解无效的，应当准予离婚：

（一）重婚或者与他人同居；

（二）实施家庭暴力或者虐待、遗弃家庭成员；

（三）有赌博、吸毒等恶习屡教不改；

（四）因感情不和分居满二年；

（五）其他导致夫妻感情破裂的情形。

一方被宣告失踪，另一方提起离婚诉讼的，应当准予离婚。

经人民法院判决不准离婚后，双方又分居满一年，一方再次提起离婚诉讼的，应当准予离婚。

问题4 张三正在强制隔离戒毒，现在张三的配偶准备起诉离婚并主张对子女的抚养权，这种情况下法院一般会将子女的抚养权判给谁？

回答：按照《民法典》的相关规定，在离婚诉讼中，不满2周岁的子女，以由母亲直接抚养为原则；子女已满2周岁的，如果双方就子女抚养问题达成协议，法院会尊重其协议，未达成协议的，法院会按照最有利于未成年子女成长的原则进行判决；子女已满8周岁的，尊重子女的真实意愿。实际上，夫妻一方有吸毒史的，可能会对孩子的成长造成不良影响，对于本方在离婚诉讼中主张抚养权十分不利。

——法律链接——

《民法典》（2021年1月1日起施行）

第一千零八十四条　父母与子女间的关系，不因父母离婚而消除。离婚后,子女无论由父或者母直接抚养,仍是父母双方的子女。

离婚后,父母对于子女仍有抚养、教育、保护的权利和义务。

离婚后,不满两周岁的子女,以由母亲直接抚养为原则。已满两周岁的子女,父母双方对抚养问题协议不成的,由人民法院根据双方的具体情况,按照最有利于未成年子女的原则判决。子女已满八周岁的,应当尊重其真实意愿。

《最高人民法院关于适用〈中华人民共和国民法典〉婚姻家庭编的解释(一)》(2021年1月1日起施行)

第四十四条　离婚案件涉及未成年子女抚养的,对不满两周岁的子女,按照民法典第一千零八十四条第三款规定的原则处理。母亲有下列情形之一,父亲请求直接抚养的,人民法院应予支持:

(一)患有久治不愈的传染性疾病或者其他严重疾病,子女不宜与其共同生活;

(二)有抚养条件不尽抚养义务,而父亲要求子女随其生活;

(三)因其他原因,子女确不宜随母亲生活。

第四十五条　父母双方协议不满两周岁子女由父亲直接抚养,并对子女健康成长无不利影响的,人民法院应予支持。

第四十六条　对已满两周岁的未成年子女,父母均要求直接抚养,一方有下列情形之一的,可予优先考虑:

(一)已做绝育手术或者因其他原因丧失生育能力;

(二)子女随其生活时间较长,改变生活环境对子女健康成长明显不利;

(三)无其他子女,而另一方有其他子女;

(四)子女随其生活,对子女成长有利,而另一方患有久治不愈的传染性疾病或者其他严重疾病,或者有其他不利于子女身心健康的情形,不宜与子女共同生活。

第四十七条　父母抚养子女的条件基本相同,双方均要求直接抚养子女,但子女单独随祖父母或者外祖父母共同生活多年,且祖父母或者外祖父母要求并且有能力帮助子女照顾孙子女或者外孙子女的,可以作为父或者母直接抚养子女的优先条件予以考虑。

第四十八条　在有利于保护子女利益的前提下,父母双方协议轮流直接抚养子女的,人民法院应予支持。

专栏四 “位子”

话题十一　现有工作和工资

问题1　张三是中共党员，因吸毒被强制隔离戒毒会被开除党籍吗？

回答：应当视具体情节而定。如果情节严重，张三会被开除党籍。吸食、注射毒品是一种违法行为，依法应受到行政处罚。根据规定，中共党员依法受到行政处分、行政处罚，应当追究党纪责任的，党组织可以根据生效的行政处分、行政处罚决定给予党纪处分或者组织处理。因此，实践中，党员吸毒可能被开除党籍。

——法 律 链 接——

《治安管理处罚法》（2012年10月26日发布，2013年1月1日起施行）

第七十二条　有下列行为之一的，处十日以上十五日以下拘留，可以并处二千元以下罚款；情节较轻的，处五日以下拘留或者五百元以下罚款：

（一）非法持有鸦片不满二百克、海洛因或者甲基苯丙胺不满十克或者其他少量毒品的；

（二）向他人提供毒品的；

（三）吸食、注射毒品的；

（四）胁迫、欺骗医务人员开具麻醉药品、精神药品的。

《禁毒法》(2008年6月1日起施行)

第三十八条第二款　对于吸毒成瘾严重,通过社区戒毒难以戒除毒瘾的人员,公安机关可以直接作出强制隔离戒毒的决定。

《中国共产党纪律处分条例》(2018年8月18日发布,2018年10月1日起施行)

第二十八条　党组织在纪律审查中发现党员有刑法规定的行为,虽不构成犯罪但须追究党纪责任的,或者有其他违法行为,损害党、国家和人民利益的,应当视具体情节给予警告直至开除党籍处分。

第三十三条第二款　党员依法受到政务处分、行政处罚,应当追究党纪责任的,党组织可以根据生效的政务处分、行政处罚决定认定的事实、性质和情节,经核实后依照规定给予党纪处分或者组织处理。

问题2　如果吸毒人员张三是国家机关或事业单位工作人员,被强制隔离戒毒后会被单位开除吗?如果未被开除,强制隔离戒毒期间的工资待遇和工作年限如何计算?

回答:应当视具体情节而定。如果情节严重,张三会被开除。公职人员吸食、注射毒品的,予以撤职或者开除。事业单位工作人员吸食毒品的,给予降低岗位等级或撤职处分;情节严重的,给予开除处分。如果未被开除,强制隔离期间停发工资,按本人原基本工资的75%计发生活费,不计算工作年限。

——法律链接——

《公职人员政务处分法》(2020年7月1日起施行)

第二条　本法适用于监察机关对违法的公职人员给予政务处分的活动。

本法第二章、第三章适用于公职人员任免机关、单位对违法的公职人员给予处分。处分的程序、申诉等适用其他法律、行政法规、国务院部门规章和国家有关规定。

本法所称公职人员，是指《中华人民共和国监察法》第十五条规定的人员。

第四十条第二款　吸食、注射毒品，组织赌博，组织、支持、参与卖淫、嫖娼、色情淫乱活动的，予以撤职或者开除。

第六十五条　国务院及其相关主管部门根据本法的原则和精神，结合事业单位、国有企业等的实际情况，对事业单位、国有企业等的违法的公职人员处分事宜作出具体规定。

《监察法》(2018年3月20日起施行)

第十五条　监察机关对下列公职人员和有关人员进行监察：

(一)中国共产党机关、人民代表大会及其常务委员会机关、人民政府、监察委员会、人民法院、人民检察院、中国人民政治协商会议各级委员会机关、民主党派机关和工商业联合会机关的公务员，以及参照《中华人民共和国公务员法》管理的人员；

(二)法律、法规授权或者受国家机关依法委托管理公共事务的组织中从事公务的人员；

(三)国有企业管理人员；

(四)公办的教育、科研、文化、医疗卫生、体育等单位中从事管理的人员；

(五)基层群众性自治组织中从事管理的人员；

(六)其他依法履行公职的人员。

《事业单位工作人员处分暂行规定》(2012年9月1日起施行)

第二十一条　有下列行为之一的，给予警告或者记过处分；情节较重的，给予降低岗位等级或者撤职处分；情节严重的，给予开除处分：

（一）制造、传播违法违禁物品及信息的；

（二）组织、参与卖淫、嫖娼等色情活动的；

（三）吸食毒品或者组织、参与赌博活动的；

（四）违反规定超计划生育的；

（五）包养情人的；

（六）有虐待、遗弃家庭成员，或者拒不承担赡养、抚养、扶养义务等的；

（七）其他严重违反公共秩序、社会公德的行为。

有前款第（二）项、第（三）项、第（四）项、第（五）项规定行为的，给予降低岗位等级或者撤职以上处分。

问题3 张三是个体工商户，现在被强制隔离戒毒，其个体工商户营业执照是否会因为经营者吸毒而被吊销?

回答：经营者吸毒不是个体工商户营业执照被吊销的法定事由，张三的营业执照不会因张三吸毒而被吊销。个体工商户营业执照被吊销的法定事由包括虚假注册、伪造、涂改、出租、出借、转让营业执照，未办理税务登记等情节严重的行为。经营者如果出现以上情形，可能被吊销个体工商户营业执照。

——法律链接——

《个体工商户条例》（2016年2月6日发布）

第二十二条　个体工商户提交虚假材料骗取注册登记，或者伪造、涂改、出租、出借、转让营业执照的，由登记机关责令改正，处4000元以下的罚款；情节严重的，撤销注册登记或者吊销营业执照。

第二十三条　个体工商户登记事项变更，未办理变更登记的，由登记机关责令改正，处1500元以下的罚款；情节严重的，吊销营业执照。

个体工商户未办理税务登记的，由税务机关责令限期改正；逾期未改正的，经税务机关提请，由登记机关吊销营业执照。

第二十四条　在个体工商户营业执照有效期内，有关行政机关依法吊销、撤销个体工商户的行政许可，或者行政许可有效期届满的，应当自吊销、撤销行政许可或者行政许可有效期届满之日起5个工作日内通知登记机关，由登记机关撤销注册登记或者吊销营业执照，或者责令当事人依法办理变更登记。

问题4　张三吸毒向公安机关主动申请强制隔离戒毒，向单位请假并得到批准后开始强制隔离戒毒。张三解除强制隔离戒毒后是否能申请回单位工作并申请发放待岗期间生活费？

回答：这取决于单位与张三的劳动关系是否存续。强制隔离戒毒期间，如果劳动关系仍然存续，张三在此期间未向单位提供劳动，应视同待岗。单位应按照最低工资标准向张三发放待岗期间生活费。解除强制隔离戒毒之后，张三可以申请回单位继续工作，并申请发放待岗期间生活费。

虽然张三在强制隔离戒毒之前向用人单位请假并得到批准，用人单位无法以“长期旷工”为由解除劳动合同，但是吸毒属于违法行为，用人单位仍然可以根据其规章制度以及《劳动合同法》的规定按照法定程序解除与张三的劳动合同关系。因此，如果强制隔离戒毒期间，用人单位未解除与张三的劳动合同或者解除劳动合同违反法律规定（不满足解除条件或者解除劳动合同的程序不合法），张三有权要求单位继续履行劳动合同，用人单位应当为张三安排工作岗位。劳动合同是否解除以及解除是否符合法律规定等问题，由用人单位承担举证证明责任。

——法律链接——

《最高人民法院关于审理劳动争议案件适用法律问题的解释(一)》(2021年1月1日起施行)

第四十四条　因用人单位作出的开除、除名、辞退、解除劳动合同、减少劳动报酬、计算劳动者工作年限等决定而发生的劳动争议,用人单位负举证责任。

《劳动部关于贯彻执行〈中华人民共和国劳动法〉若干问题的意见》(1995年8月4日印发)

58.企业下岗待工人员,由企业依据当地政府的有关规定支付其生活费,生活费可以低于最低工资标准,下岗待工人员中重新就业的,企业应停发其生活费。女职工因生育、哺乳请长假而下岗的,在其享受法定产假期间,依法领取生育津贴;没有参加生育保险的企业,由企业照发原工资。

——资源链接——

案例:湖北省孝感市中级人民法院二审民事判决书,(2020)鄂09民终362号

上诉人赵某吸毒后自愿申请强制戒毒,向其主管领导口头请假并得到批准后开始戒毒。在赵某强制隔离戒毒期间,赵某的姐姐赵小某持署名"赵某"的委托书、辞职信和赵某身份证复印件在被上诉人处代赵某签订了《解除劳动合同协议》、签收了《解除劳动合同证明书》。解除强制隔离戒毒后,赵某申请回被上诉人处继续工作,被上诉人以劳动关系已解除而拒绝。

赵某在上诉中主张其与被上诉人的劳动关系存在并要求被上诉人向其发放强制隔离戒毒期间的待岗生活费。

经查明,被上诉人无充分证据证明赵小某有权代理赵某与其签订

解除劳动合同,故被上诉人与赵小某签订的解除双方劳动合同的协议对赵某不发生法律效力。被上诉人并未依据赵某违反单位规章制度而解除劳动关系,也未履行因员工违反单位规章制度而解除劳动关系的有关程序,因此被上诉人与赵某间的劳动关系继续存在,被上诉人应给赵某安排工作岗位。

对于赵某申请发放待岗生活费的诉讼请求,法院认为,赵某与被上诉人之间的劳动合同关系继续存在,在此期间,赵某未向单位提供劳动,应视同待岗。被上诉人重新安排赵某工作岗位之前,应当按照孝感市最低工资标准向赵某发放待岗期间生活费。

问题5　张三强制隔离戒毒期间没有工作,无法缴纳"五险一金",解除强制隔离戒毒之后,张三能继续交"五险一金"吗?

回答:解除强制隔离戒毒之后,如果张三暂时没有工作单位,他可以去人力资源和社会保障局窗口缴纳社会保险。如果张三顺利找到了工作,不管是回到原单位还是去新单位,只要有用人单位代扣代缴社会保险费用,就可以享受社会保险待遇,之前缴纳的"五险一金"累积计算。强制隔离戒毒并不会导致之前已缴纳的"五险一金"清零,但保险待遇可能因为缴费年限和缴费额的减少而有所降低。若没有达到最低缴费年限,戒毒人员则会丧失相应的社保权益。所以,要想续上之前的"五险一金",戒毒人员解除强制隔离戒毒后须及时找到工作,接转社会保险关系。戒毒人员可以通过补缴的方式补足强制隔离戒毒期间所欠费用,使缴费年限连续计算,以获得更优的社会保险待遇。

"五险一金"是指用人单位给予劳动者的几种保障性待遇的合称,包括养老保险、医疗保险、失业保险、工伤保险和生育保险及住房公积金。根据法律规定,劳动者享受的社会保险金必须按时足额支付。其中,基本养老保险实行社会统筹与个人账户相结合,由用人单位和职工共同缴纳或者由灵活从业人员个人缴纳,基本养老保险基金由用人单位和个人缴费以及政府补贴等组成。基本医疗保险费用由用人单位和职工按照国家规定共同缴纳。失业保险费由用人单位和职工按照国家规定共同缴纳。工伤保险费由用人单位缴纳,职工不缴纳。生育保险费由用人单位按照国家规定缴纳,职工不缴纳。住房公积金由用人单位和职工共同缴纳。

—— 法律链接 ——

《社会保险法》(2018 年 12 月 29 日发布)

第二条　国家建立基本养老保险、基本医疗保险、工伤保险、失业保险、生育保险等社会保险制度,保障公民在年老、疾病、工伤、失业、生育等情况下依法从国家和社会获得物质帮助的权利。

第十条　职工应当参加基本养老保险,由用人单位和职工共同缴纳基本养老保险费。

无雇工的个体工商户、未在用人单位参加基本养老保险的非全日制从业人员以及其他灵活就业人员可以参加基本养老保险,由个人缴纳基本养老保险费。

公务员和参照公务员法管理的工作人员养老保险的办法由国务院规定。

第十一条　基本养老保险实行社会统筹与个人账户相结合。

基本养老保险基金由用人单位和个人缴费以及政府补贴等组成。

第十六条　参加基本养老保险的个人,达到法定退休年龄时累计缴费满十五年的,按月领取基本养老金。

参加基本养老保险的个人，达到法定退休年龄时累计缴费不足十五年的，可以缴费至满十五年，按月领取基本养老金；也可以转入新型农村社会养老保险或者城镇居民社会养老保险，按照国务院规定享受相应的养老保险待遇。

第十九条　个人跨统筹地区就业的，其基本养老保险关系随本人转移，缴费年限累计计算。个人达到法定退休年龄时，基本养老金分段计算、统一支付。具体办法由国务院规定。

第二十三条　职工应当参加职工基本医疗保险，由用人单位和职工按照国家规定共同缴纳基本医疗保险费。

无雇工的个体工商户、未在用人单位参加职工基本医疗保险的非全日制从业人员以及其他灵活就业人员可以参加职工基本医疗保险，由个人按照国家规定缴纳基本医疗保险费。

第二十七条　参加职工基本医疗保险的个人，达到法定退休年龄时累计缴费达到国家规定年限的，退休后不再缴纳基本医疗保险费，按照国家规定享受基本医疗保险待遇；未达到国家规定年限的，可以缴费至国家规定年限。

第三十三条　职工应当参加工伤保险，由用人单位缴纳工伤保险费，职工不缴纳工伤保险费。

第四十四条　职工应当参加失业保险，由用人单位和职工按照国家规定共同缴纳失业保险费。

第五十三条　职工应当参加生育保险，由用人单位按照国家规定缴纳生育保险费，职工不缴纳生育保险费。

《住房公积金管理条例》(2019 年 3 月 24 日发布)

第十三条第二款　单位应当向住房公积金管理中心办理住房公积金缴存登记，并为本单位职工办理住房公积金账户设立手续。每个职工只能有一个住房公积金账户。

第十六条　职工住房公积金的月缴存额为职工本人上一年度月平均工资乘以职工住房公积金缴存比例。

单位为职工缴存的住房公积金的月缴存额为职工本人上一年度月平均工资乘以单位住房公积金缴存比例。

问题6　张三是某公司员工，现被强制隔离戒毒，公司能否因此解除劳动合同或者降职、降薪？强制隔离戒毒期间工龄如何计算？

回答：公司可以解除劳动合同。虽然吸毒行为不属于法定的用人单位可以解除劳动合同的情形，但是，如果用人单位的规章制度或者双方签订的劳动合同中明确规定有违法行为可以解除劳动合同，那么用人单位就可以解除劳动合同。即使企业的规章制度没有涵盖如吸食毒品这样的严重违法违纪行为，但由于吸毒是严重的违纪行为，对企业会造成不利影响，用人单位也可以适用《劳动法》中类似“遵守劳动纪律”等条款解除劳动合同。

岗位和薪酬是否可以降低要看劳动合同中是否有具体约定。

工龄的认定按照实际工龄计算，与是否因吸毒被强制隔离戒毒无关，即没有解除劳动合同的，继续计算工龄，解除劳动合同的，停止计算工龄，待解除强制隔离戒毒重新就业后再继续计算。

—— 法律链接 ——

《劳动法》(2018年12月29日发布)

第三条　劳动者享有平等就业和选择职业的权利、取得劳动报酬的权利、休息休假的权利、获得劳动安全卫生保护的权利、接受职业技能培训的权利、享受社会保险和福利的权利、提请劳动争议处理的权利以及法律规定的其他劳动权利。

劳动者应当完成劳动任务,提高职业技能,执行劳动安全卫生规程,遵守劳动纪律和职业道德。

《劳动合同法》(2012 年 12 月 28 日发布,2013 年 7 月 1 日起施行)

第三十九条　劳动者有下列情形之一的,用人单位可以解除劳动合同:

(一)在试用期间被证明不符合录用条件的;

(二)严重违反用人单位的规章制度的;

(三)严重失职,营私舞弊,给用人单位造成重大损害的;

(四)劳动者同时与其他用人单位建立劳动关系,对完成本单位的工作任务造成严重影响,或者经用人单位提出,拒不改正的;

(五)因本法第二十六条第一款第一项规定的情形致使劳动合同无效的;

(六)被依法追究刑事责任的。

劳动部办公厅《对〈关于临时工等问题的请示〉的复函》(1996 年 11 月 7 日发布)

一、关于是否还保留"临时工"的提法问题。《劳动法》施行后,所有用人单位与职工全面实行劳动合同制度,各类职工在用人单位享有的权利是平等的。因此,过去意义上相对于正式工而言的临时工名称已经不复存在。用人单位如在临时性岗位上用工,应当与劳动者签订劳动合同并依法为其建立各种社会保险,使其享有有关的福利待遇,但在劳动合同期限上可以有所区别。

二、关于职工被强制戒毒或自愿戒毒,戒毒期间是否算旷工或事假,以及能否按《企业职工奖惩条例》或《国营企业辞退违纪职工暂行规定》予以除名或辞退的问题。此问题由用人单位按照其依法制定的规章制度和劳动合同的约定办理。

三、关于机关、事业单位、社会团体中的"工勤"人员包括哪些人员以及是否适用《劳动法》问题。按照《国家公务员暂行条例》的有关规定,工勤人员是指国家机关、事业组织、社会团体中,不实行或不能参照实行公务员制度的工作人员。这些人员应当按照《劳动法》及其配套规章的有关规定实行劳动合同制度。

问题7 张三是某公司员工,在他强制隔离戒毒期间,公司与张三解除劳动合同,是否需要他亲自回单位办理相关手续?

回答:强制隔离戒毒期间公司解除劳动合同,张三不需要亲自回单位办理相关手续。强制隔离戒毒期间,劳动者无法继续工作,属于《劳动合同法》规定的"劳动合同订立时所依据的客观情况发生重大变化,致使劳动合同无法履行"的情形,公司可以进行无过失辞退,即公司可以提前30日以书面形式通知劳动者本人解除合同,也可以额外支付劳动者一个月工资后立即解除劳动合同。书面通知一般是邮寄到员工入职时提交的家庭住址或其他通信地址,不需要员工亲自回单位办理手续。

——法律链接——

《劳动合同法》(2012年12月28日发布,2013年7月1日起施行)

第四十条　有下列情形之一的,用人单位提前三十日以书面形式通知劳动者本人或者额外支付劳动者一个月工资后,可以解除劳动合同:

（一）劳动者患病或者非因工负伤，在规定的医疗期满后不能从事原工作，也不能从事由用人单位另行安排的工作的；

（二）劳动者不能胜任工作，经过培训或者调整工作岗位，仍不能胜任工作的；

（三）劳动合同订立时所依据的客观情况发生重大变化，致使劳动合同无法履行，经用人单位与劳动者协商，未能就变更劳动合同内容达成协议的。

问题8　张三有吸毒被处理的记录，在与用人单位订立劳动合同正常上班之后，用人单位知晓张三的吸毒史，能否解除与张三的劳动合同？假如单位解除合同，张三能否要求经济补偿金？

回答：用人单位能否解除劳动合同要看用人单位的规章制度中是否明确规定"员工不得吸毒"或不能有违法行为等。如果用人单位的规章制度有相关规定，用人单位就可以解除劳动合同且无须支付经济补偿金。如果用人单位的规章制度中没有相关规定，用人单位不能仅因为员工的吸毒记录就解除劳动合同。实践中，用人单位通常的做法是提前30日通知解除劳动合同或者额外支付一个月的工资后立即解除劳动合同。如果用人单位未经提前通知而立即解除劳动合同，劳动者可以考虑提起劳动仲裁。

—— 法 律 链 接 ——

《劳动法》（2018年12月29日发布）

第二十五条　劳动者有下列情形之一的，用人单位可以解除劳动合同：

（一）在试用期间被证明不符合录用条件的；

（二）严重违反劳动纪律或者用人单位规章制度的；

（三）严重失职，营私舞弊，对用人单位利益造成重大损害的；

（四）被依法追究刑事责任的。

第三十条　用人单位解除劳动合同，工会认为不适当的，有权提出意见。如果用人单位违反法律、法规或者劳动合同，工会有权要求重新处理；劳动者申请仲裁或者提起诉讼的，工会应当依法给予支持和帮助。

第七十七条　用人单位与劳动者发生劳动争议，当事人可以依法申请调解、仲裁、提起诉讼，也可以协商解决。

调解原则适用于仲裁和诉讼程序。

第七十九条　劳动争议发生后，当事人可以向本单位劳动争议调解委员会申请调解；调解不成，当事人一方要求仲裁的，可以向劳动争议仲裁委员会申请仲裁。当事人一方也可以直接向劳动争议仲裁委员会申请仲裁。对仲裁裁决不服的，可以向人民法院提起诉讼。

《劳动合同法》（2012年12月28日发布，2013年7月1日起施行）

第四十条　有下列情形之一的，用人单位提前三十日以书面形式通知劳动者本人或者额外支付劳动者一个月工资后，可以解除劳动合同：

（一）劳动者患病或者非因工负伤，在规定的医疗期满后不能从事原工作，也不能从事由用人单位另行安排的工作的；

（二）劳动者不能胜任工作，经过培训或者调整工作岗位，仍不能胜任工作的；

（三）劳动合同订立时所依据的客观情况发生重大变化，致使劳动合同无法履行，经用人单位与劳动者协商，未能就变更劳动合同内容达成协议的。

问题9　**张三是一名企业员工,他办理了“居家休养”,即不用上班,公司仍然发放基本工资,但一年后张三因吸毒被强制隔离戒毒。公司知道张三被强制隔离戒毒的情况之后能否解除劳动合同?**

回答:公司可以解除与张三的劳动合同。员工在办理了“居家休养”之后被强制隔离戒毒,用人单位不能以“长期旷工”为由解除劳动合同,但是吸毒是违法行为,用人单位可以根据其规章制度规定,以员工“严重违反用人单位的规章制度”“严重失职”“不能胜任工作”等理由辞退相关员工。这是用人单位的权利,也属于用人单位自主决定的范围。因此,是否解除与被强制隔离戒毒员工之间的劳动合同取决于用人单位。

问题10　**张三强制隔离戒毒期间会接受戒毒治疗,那么强制隔离戒毒期间是否属于法律规定的用人单位不能解除劳动合同“医疗期”?**

回答:强制隔离戒毒期间不属于法律规定的“医疗期”。法律规定的“医疗期”是指企业职工因“患病”或“非因工负伤”停止工作治病休息不得解除劳动合同的时限。吸毒是违法行为,它既不是“疾病”,也不是“负伤”,因此强制隔离戒毒人员接受的戒毒治疗不属于“医疗期”,用人单位可以解除劳动合同。

——法 律 链 接——

《劳动合同法》(2012 年 12 月 28 日发布,2013 年 7 月 1 日起施行)

第四十二条　劳动者有下列情形之一的,用人单位不得依照本法第四十条、第四十一条的规定解除劳动合同:

(一)从事接触职业病危害作业的劳动者未进行离岗前职业健康

检查,或者疑似职业病病人在诊断或者医学观察期间的;

(二)在本单位患职业病或者因工负伤并被确认丧失或者部分丧失劳动能力的;

(三)患病或者非因工负伤,在规定的医疗期内的;

(四)女职工在孕期、产期、哺乳期的;

(五)在本单位连续工作满十五年,且距法定退休年龄不足五年的;

(六)法律、行政法规规定的其他情形。

《企业职工患病或非因工负伤医疗期规定》(1994年12月1日发布)

第二条　医疗期是指企业职工因患病或非因工负伤停止工作治病休息不得解除劳动合同的时限。

—— 资源链接 ——

案例:江西省南昌市西湖区人民法院民事判决书,(2019)赣0103民初4240号

原告许某认为,强制隔离戒毒期间属于广义的强制医疗期,根据相关法律规定,用人单位不能在强制医疗期间解除与劳动者之间的劳动关系。据此,被告解除其与原告之间劳动关系程序明显违反法律规定。被告辩称,医疗期无广义及狭义之分,而是特指患病或非因工致伤的情形,而吸毒明显不属于患病或非因工致伤的情形。法院的判决认为,强制隔离戒毒不符合《劳动合同法》第42条规定的患病或者非因工负伤,在规定的医疗期内不得解除劳动合同的情形。因此,被告在强制隔离戒毒期间解除与原告的劳动合同并未违反法律规定。

话题十二　找　工　作

问题1　**张三有吸毒史，还能应征入伍当兵吗？**

回答：因为吸毒行为被行政拘留、强制隔离戒毒的，不得应征入伍。应征入伍须通过征兵政治审查，法律明确规定“有过行政拘留记录”的公民，不得征集服现役。吸毒是违法行为，被公安机关抓获，将会处以相应的行政处罚或者被强制隔离戒毒，所以张三不能入伍当兵。

—— 法 律 链 接 ——

《征兵工作条例》(2001 年 9 月 5 日发布)

第三条第五款　依照法律被剥夺政治权利的人，不征集。被羁押正在受侦查、起诉、审判的或者被判处徒刑、拘役、管制正在服刑的公民，不征集。

第十三条　机关、团体、企业事业单位和乡、民族乡、镇的人民政府以及街道办事处，按照县、市兵役机关的安排和要求，对本单位和本地区的应征公民，进行体格目测、病史调查和政治、文化初步审查，选定政治思想好、身体好、文化程度高的应征公民为当年预定征集的对象，并通知本人。

第二十一条　机关、团体、企业事业单位、村民(居民)委员会和乡、民族乡、镇的人民政府以及街道办事处和公安派出所，应当按照征兵政治审查工作的有关规定，根据县、市征兵办公室的安排和要求，对体格检查合格的应征公民认真进行政治审查，重点查清他们的现实表现。

《治安管理处罚法》(2012 年 10 月 26 日发布,2013 年 1 月 1 日起施行)

第七十二条　有下列行为之一的，处十日以上十五日以下拘留，可以并处二千元以下罚款；情节较轻的，处五日以下拘留或者五百元以下罚款：

（一）非法持有鸦片不满二百克、海洛因或者甲基苯丙胺不满十克或者其他少量毒品的；

（二）向他人提供毒品的；

（三）吸食、注射毒品的；

（四）胁迫、欺骗医务人员开具麻醉药品、精神药品的。

《禁毒法》(2008 年 6 月 1 日起施行)

第三十八条第二款　对于吸毒成瘾严重，通过社区戒毒难以戒除毒瘾的人员，公安机关可以直接作出强制隔离戒毒的决定。

问题2　强制隔离戒毒解除后，吸毒人员张三可以设立公司成为法定代表人吗？如果可以，流程是怎样的？

回答：强制隔离戒毒解除后，张三可以设立公司并成为法定代表人。因为《公司法》并未将有吸毒史作为不能设立公司或成为法定代表人的情形。

设立公司应依照《公司法》规定的条件和程序进行。如果张三计划设立有限责任公司，股东应不超过 50 个，在股东共同制定好公司章程、确定公司名称与地点、建立好公司的组织机构、各股东认足自己的出资额后，就可以由全体股东指定的代表或者共同委托的代理人向公司登记机关报送公司登记申请书、公司章程等文件，申请设立登记。

如果张三欲设立股份有限公司，发起人应为 2 人以上 200 人以下，且半数以上发起人在中国境内有住所。发起人共同制定公司章程、确定公司名称与地点、建立符合要求的公司组织机构。以发起方式设立的，在发起人认足各自的股本额之后；以募集方式设立的，在发行股份的股款缴足并召开创立大会后的 30 日内，可向公司登记机关报送以下证明文件，申请设立登记：(1)公司登记申请书；(2)创立大会的会议记录；(3)公司章程；(4)验资证明；(5)法定代表人、董事、监事的任职文件及其身份证明；(6)发起人的法人资格证明或者自然人身份证明；(7)公司住所证明。相较而言，设立有限责任公司程序更为简单。

—— 法律链接 ——

《公司法》(2018 年 10 月 26 日发布)

第二十三条　设立有限责任公司，应当具备下列条件：

(一)股东符合法定人数；

(二)有符合公司章程规定的全体股东认缴的出资额；

(三)股东共同制定公司章程；

(四)有公司名称，建立符合有限责任公司要求的组织机构；

(五)有公司住所。

第七十六条　设立股份有限公司，应当具备下列条件：

(一)发起人符合法定人数；

(二)有符合公司章程规定的全体发起人认购的股本总额或者募集的实收股本总额；

(三)股份发行、筹办事项符合法律规定；

（四）发起人制订公司章程，采用募集方式设立的经创立大会通过；

（五）有公司名称，建立符合股份有限公司要求的组织机构；

（六）有公司住所。

第一百四十六条　有下列情形之一的，不得担任公司的董事、监事、高级管理人员：

（一）无民事行为能力或者限制民事行为能力；

（二）因贪污、贿赂、侵占财产、挪用财产或者破坏社会主义市场经济秩序，被判处刑罚，执行期满未逾五年，或者因犯罪被剥夺政治权利，执行期满未逾五年；

（三）担任破产清算的公司、企业的董事或者厂长、经理，对该公司、企业的破产负有个人责任的，自该公司、企业破产清算完结之日起未逾三年；

（四）担任因违法被吊销营业执照、责令关闭的公司、企业的法定代表人，并负有个人责任的，自该公司、企业被吊销营业执照之日起未逾三年；

（五）个人所负数额较大的债务到期未清偿。

公司违反前款规定选举、委派董事、监事或者聘任高级管理人员的，该选举、委派或者聘任无效。

董事、监事、高级管理人员在任职期间出现本条第一款所列情形的，公司应当解除其职务。

——资源链接——

武汉市主要城区工商局信息一览

单位名称	地址	电话
武汉市市场监督管理局	江汉区香港路259号	027－85633802
江岸分局登记注册直属局	江岸区京汉大道950号	027－82811497

续表

单位名称	地址	电话
江汉分局登记注册直属局	江汉区红旗渠路8号锦绣人家4号楼	027－65693681
硚口分局登记注册直属局	硚口区武胜西街8号登记大厅	027－83766140
汉阳分局注册登记直属局	汉阳大道607号四楼	027－84867214 027－84875061

问题3 张三有吸毒史或者被强制隔离戒毒过，他能参加企业的招聘吗？用人单位能否查询到张三的吸毒记录？公安机关能否在解除强制隔离戒毒后定期尿检结果阴性的情况下主动告知用人单位张三有吸毒记录？

回答：张三可以参加企业招聘。根据法律规定，戒毒人员在入学、就业、享受社会保障等方面不得受到歧视。

除了中国共产党组织、公证机关、军队、警察院校，以及法院、检察、公安、司法行政、国家安全、监察等国家机关依法查询公民个人的违法犯罪记录以外，一般的用人单位不能查询张三的吸毒记录。因此，用人单位是否能够了解张三的吸毒史，需要根据用人单位是否需要张三开具无违法犯罪记录证明、是否明确规定有吸毒史不得招聘录用的规定来判断。用人单位如果需要无违法犯罪记录证明，会要求张三去公安机关开具相关证明。

—— 法律链接 ——

《戒毒条例》（2018年9月18日发布）

第七条第一款 戒毒人员在入学、就业、享受社会保障等方面不受歧视。

问题4 张三在解除强制隔离戒毒后，需要重新找工作，不得从事哪些职业？

回答：现在明确规定有吸毒史人员不得从事的职业有：娱乐场所从业人员；易制毒化学品生产、经营、管理、销售人员；校车驾驶员；网约车司机；汽电车客运的驾驶员、乘务员；保安服务公司的法定代表人、主要管理人员、保安员；幼儿园教职工；演艺工作等。

——法律链接——

《娱乐场所管理条例》(2020年11月29日发布)

第五条　有下列情形之一的人员，不得开办娱乐场所或者在娱乐场所内从业：

(一)曾犯有组织、强迫、引诱、容留、介绍卖淫罪，制作、贩卖、传播淫秽物品罪，走私、贩卖、运输、制造毒品罪，强奸罪，强制猥亵、侮辱妇女罪，赌博罪，洗钱罪，组织、领导、参加黑社会性质组织罪的；

(二)因犯罪曾被剥夺政治权利的；

(三)因吸食、注射毒品曾被强制戒毒的；

(四)因卖淫、嫖娼曾被处以行政拘留的。

《易制毒化学品管理条例》(2018年9月18日发布)

第七条第一款　申请生产第一类易制毒化学品，应当具备下列条件，并经本条例第八条规定的行政主管部门审批，取得生产许可证后，方可进行生产：

(一)属依法登记的化工产品生产企业或者药品生产企业；

(二)有符合国家标准的生产设备、仓储设施和污染物处理设施；

(三)有严格的安全生产管理制度和环境突发事件应急预案；

(四)企业法定代表人和技术、管理人员具有安全生产和易制毒化学品的有关知识，无毒品犯罪记录；

(五)法律、法规、规章规定的其他条件。

《校车安全管理条例》(2012年4月5日起施行)

第二十三条　校车驾驶人应当依照本条例的规定取得校车驾驶资格。

取得校车驾驶资格应当符合下列条件:

(一)取得相应准驾车型驾驶证并具有3年以上驾驶经历,年龄在25周岁以上、不超过60周岁;

(二)最近连续3个记分周期内没有被记满分记录;

(三)无致人死亡或者重伤的交通事故责任记录;

(四)无饮酒后驾驶或者醉酒驾驶机动车记录,最近1年内无驾驶客运车辆超员、超速等严重交通违法行为记录;

(五)无犯罪记录;

(六)身心健康,无传染性疾病,无癫痫、精神病等可能危及行车安全的疾病病史,无酗酒、吸毒行为记录。

《网络预约出租汽车经营服务管理暂行办法》(2019年12月28日发布)

第十四条　从事网约车服务的驾驶员,应当符合以下条件:

(一)取得相应准驾车型机动车驾驶证并具有3年以上驾驶经历;

(二)无交通肇事犯罪、危险驾驶犯罪记录,无吸毒记录,无饮酒后驾驶记录,最近连续3个记分周期内没有记满12分记录;

(三)无暴力犯罪记录;

(四)城市人民政府规定的其他条件。

《城市公共汽车和电车客运管理规定》(2017年5月1日起施行)

第二十七条第一款　运营企业聘用的从事城市公共汽电车客运

的驾驶员、乘务员，应当具备以下条件：

（一）具有履行岗位职责的能力；

（二）身心健康，无可能危及运营安全的疾病或者病史；

（三）无吸毒或者暴力犯罪记录。

《保安服务管理条例》（2022年3月29日发布）

第八条　保安服务公司应当具备下列条件：

（一）有不低于人民币100万元的注册资本；

（二）拟任的保安服务公司法定代表人和主要管理人员应当具备任职所需的专业知识和有关业务工作经验，无被刑事处罚、劳动教养、收容教育、强制隔离戒毒或者被开除公职、开除军籍等不良记录；

（三）有与所提供的保安服务相适应的专业技术人员，其中法律、行政法规有资格要求的专业技术人员，应当取得相应的资格；

（四）有住所和提供保安服务所需的设施、装备；

（五）有健全的组织机构和保安服务管理制度、岗位责任制度、保安员管理制度。

第十七条　有下列情形之一的，不得担任保安员：

（一）曾被收容教育、强制隔离戒毒、劳动教养或者3次以上行政拘留的；

（二）曾因故意犯罪被刑事处罚的；

（三）被吊销保安员证未满3年的；

（四）曾两次被吊销保安员证的。

《幼儿园工作规程》（2016年3月1日起施行）

第三十九条　幼儿园教职工应当贯彻国家教育方针，具有良好品德，热爱教育事业，尊重和爱护幼儿，具有专业知识和技能以及相应的文化和专业素养，为人师表，忠于职责，身心健康。

幼儿园教职工患传染病期间暂停在幼儿园的工作。有犯罪、吸毒记录和精神病史者不得在幼儿园工作。

《国家新闻出版广电总局办公厅关于加强有关广播电视节目、影视剧和网络视听节目制作传播管理的通知》(2014年9月28日发布)

一、各级广播电视播出机构要坚持正确导向,不得邀请有吸毒、嫖娼等违法犯罪行为者参与制作广播电视节目;不得制作、播出以炒作演艺人员、名人明星等的违法犯罪行为为看点、噱头的广播电视节目;暂停播出有吸毒、嫖娼等违法犯罪行为者作为主创人员参与制作的电影、电视剧、各类广播电视节目以及代言的广告节目。

问题5　解除强制隔离戒毒后,张三可以从事外卖配送的工作吗?

回答:法律没有禁止性规定,具体根据各个外卖配送平台的具体规定判断。目前占据较多市场份额的配送平台中,美团外卖、饿了么(蜂鸟众包)、京东到家(京东众包)等都没有明确规定吸毒人员不得从业,或是需要提供无吸毒行为记录,所以张三可以在上述平台从事外卖配送的工作。

问题6　解除强制隔离戒毒之后,张三想当老师,他可以参加教师资格考试吗?通过考试之后能否取得教师资格?

回答:如果吸毒人员张三具备相应的学历要求,可以参加教师资格考试。根据教育部发布的相关规定,剥夺政治权利或者因故意犯罪判处有期徒刑以上刑事处罚的人,不得报名参加教师资格考试。吸毒行为属于违法行为,因吸毒受到行政处罚不影响张三参加教师资格考试。

但是通过考试后，张三很可能难以申请教师资格认定并取得教师资格。根据法律规定，认定教师资格时，需要提交教师资格认定申请表和一系列证明或者材料，其中一项证明材料为“无犯罪记录证明”。根据目前的规定，通常公安机关只开具“无违法犯罪记录证明”，不单独开具“无犯罪记录证明”，而行政拘留或强制隔离戒毒属于违法记录，所以不能开具“无违法犯罪记录证明”。而缺少这一项证明材料则会导致张三无法申请认定教师资格。不过，公安机关出具证明载明的“违法犯罪记录情况”中没有显示张三有犯罪记录，而仅仅列举了张三因吸毒被公安机关决定强制隔离戒毒等违法记录，这是否符合申请教师资格的“无犯罪记录证明”材料，也还有进一步探讨的余地。

——法律链接——

《教师法》(2009年8月27日发布)

第十一条　取得教师资格应当具备的相应学历是：

(一)取得幼儿园教师资格，应当具备幼儿师范学校毕业及其以上学历；

(二)取得小学教师资格，应当具备中等师范学校毕业及其以上学历；

(三)取得初级中学教师、初级职业学校文化、专业课教师资格，应当具备高等师范专科学校或者其他大学专科毕业及其以上学历；

(四)取得高级中学教师资格和中等专业学校、技工学校、职业高中文化课、专业课教师资格，应当具备高等师范院校本科或者其他大学本科毕业及其以上学历；取得中等专业学校、技工学校和职业高中学生实习指导教师资格应当具备的学历，由国务院教育行政部门规定；

（五）取得高等学校教师资格，应当具备研究生或者大学本科毕业学历；

（六）取得成人教育教师资格，应当按照成人教育的层次、类别，分别具备高等、中等学校毕业及其以上学历。

不具备本法规定的教师资格学历的公民，申请获取教师资格，必须通过国家教师资格考试。国家教师资格考试制度由国务院规定。

《中小学教师资格考试暂行办法》(2013年8月15日起施行)

第六条　符合以下基本条件的人员，可以报名参加教师资格考试：

（一）具有中华人民共和国国籍；

（二）遵守宪法和法律，热爱教育事业，具有良好的思想品德；

（三）符合申请认定教师资格的体检标准；

（四）符合《教师法》规定的学历要求。

普通高等学校在校三年级以上学生，可凭学校出具的在籍学习证明报考。

第九条　被撤销教师资格的，5年内不得报名参加考试；受到剥夺政治权利，或故意犯罪受到有期徒刑以上刑事处罚的，不得报名参加考试。曾参加教师资格考试有作弊行为的，按照《国家教育考试违规处理办法》的相关规定执行。

《中小学教师资格定期注册暂行办法》(2013年8月15日起施行)

第二条　教师资格定期注册是对教师入职后从教资格的定期核查。中小学教师资格实行5年一周期的定期注册。定期注册不合格或逾期不注册的人员，不得从事教育教学工作。

第七条　申请首次注册的,应当具备下列条件:

(一)具有与任教岗位相应的教师资格;

(二)聘用为中小学在编在岗教师;

(三)省级教育行政部门规定的其他条件。

对于首次任教人员须试用期满且考核合格。

第八条　满足下列条件的,定期注册合格:

(一)遵守国家法律法规和《中小学教师职业道德规范》,达到省级教育行政部门规定的师德考核评价标准,有良好的师德表现;

(二)每年年度考核合格以上等次;

(三)每个注册有效期内完成不少于国家规定的360个培训学时或省级教育行政部门规定的等量学分;

(四)身心健康,胜任教育教学工作;

(五)省级教育行政部门规定的其他条件。

《教师资格条例》(1995年12月12日起施行)

第十五条　申请认定教师资格,应当提交教师资格认定申请表和下列证明或者材料:

(一)身份证明;

(二)学历证书或者教师资格考试合格证明;

(三)教育行政部门或者受委托的高等学校指定的医院出具的体格检查证明;

(四)户籍所在地的街道办事处、乡人民政府或者工作单位、所毕业的学校对其思想品德、有无犯罪记录等方面情况的鉴定及证明材料。

申请人提交的证明或者材料不全的,教育行政部门或者受委托的高等学校应当及时通知申请人于受理期限终止前补齐。

教师资格认定申请表由国务院教育行政部门统一格式。

问题7 **解除强制隔离戒毒回归社会之后，吸毒人员张三深刻认识到毒品的危害性、戒毒的重要性，张三希望可以帮助更多的吸毒人员戒毒、回归社会，张三可以应聘专职禁毒社工吗？**

回答：吸毒人员张三能否应聘专职禁毒社工要看各地的“专职禁毒社工招聘公告”的具体规定。有些地区的招聘公告明确规定，受过治安管理处罚的、有过吸毒等违法行为的不予招录。但是有些地方，如《武汉市公安局武汉东湖新技术开发区分局招聘专职禁毒社工简章》并未对是否有过吸毒行为、是否受过治安管理处罚作出限制，只对因犯罪受到刑事处罚作出限制规定。因此，如果张三想应聘专职禁毒社工，可以查找所在地区最新的招聘专职禁毒社工简章，获取具体的招聘条件信息。

问题8 **张三有吸毒史可以参加执业医师资格考试吗？能拿到医师执业证书吗？**

回答：张三可以参加执业医师资格考试，我国《医师法》并未对参加执业医师资格考试人员作出“无违法犯罪记录”等限制性规定。执业医师资格考试合格即可取得执业医师资格。

张三取得执业医师资格之后能够拿到医师执业证书。《医师法》规定的不予注册执业医师的情形中，并不包含“有吸毒史”“因吸毒受过行政处罚”等。因此，只要通过执业医师资格考试，就可以向所在地区的卫生行政部门申请发放医师执业证书。

—— **法律链接** ——

《医师法》（2022年3月1日起施行）

第九条　具有下列条件之一的，可以参加执业医师资格考试：

（一）具有高等学校相关医学专业本科以上学历，在执业医师指导下，在医疗卫生机构中参加医学专业工作实践满一年；

（二）具有高等学校相关医学专业专科学历，取得执业助理医师执业证书后，在医疗卫生机构中执业满二年。

第十条　具有高等学校相关医学专业专科以上学历，在执业医师指导下，在医疗卫生机构中参加医学专业工作实践满一年的，可以参加执业助理医师资格考试。

第十一条　以师承方式学习中医满三年，或者经多年实践医术确有专长的，经县级以上人民政府卫生健康主管部门委托的中医药专业组织或者医疗卫生机构考核合格并推荐，可以参加中医医师资格考试。

以师承方式学习中医或者经多年实践，医术确有专长的，由至少二名中医医师推荐，经省级人民政府中医药主管部门组织实践技能和效果考核合格后，即可取得中医医师资格及相应的资格证书。

本条规定的相关考试、考核办法，由国务院中医药主管部门拟订，报国务院卫生健康主管部门审核、发布。

第十二条　医师资格考试成绩合格，取得执业医师资格或者执业助理医师资格，发给医师资格证书。

第十六条　有下列情形之一的，不予注册：

（一）无民事行为能力或者限制民事行为能力；

（二）受刑事处罚，刑罚执行完毕不满二年或者被依法禁止从事医师职业的期限未满；

（三）被吊销医师执业证书不满二年；

（四）因医师定期考核不合格被注销注册不满一年；

（五）法律、行政法规规定不得从事医疗卫生服务的其他情形。

受理申请的卫生健康主管部门对不予注册的，应当自受理申请之日起二十个工作日内书面通知申请人和其所在医疗卫生机构,并说明理由。

《具有医学专业技术职务任职资格人员认定医师资格及执业注册办法》(1999年6月28日发布)

第五条　申请医师资格认定,应当提交下列材料:

(一)医师资格认定申请审核表;

(二)二寸免冠正面半身照片两张;

(三)《执业医师法》颁布以前取得县级以上卫生、人事行政部门授予的医学专业技术职务任职资格证明;

(四)申请人身份证明。

现未在医疗、预防、保健机构工作的人员,由其人事档案存放单位出具档案中取得医学专业技术职务任职资格的证明。

第六条　申请医师执业注册,应当提交下列材料:

(一)医师执业注册申请审核表;

(二)申请人身份证明;

(三)医疗、预防、保健机构聘用证明。

话题十三　自主创业的优惠政策

问题1　解除强制隔离戒毒之后张三一直处于失业状态，张三再就业或者自主创业可以享受哪些帮扶政策？

回答：具体帮扶政策因地区不同而存在差别，详细情况可以咨询当地的人力资源和社会保障局有关“创业开业指导”“创业补贴申领”“创业项目”“创业贷款”等公共服务。

下面是各地比较通行的帮扶政策。

第一，公安机关、司法行政部门（司法局）登记戒毒康复人员的生活就业状况、就业意愿，引导其中有就业意愿和就业能力、处于无业状态的戒毒康复人员到公共就业服务机构进行失业登记和求职登记。

第二，人力资源和社会保障部门（人力资源和社会保障局）、公共就业服务机构为戒毒康复人员进行失业登记，发放就业创业证，提供有针对性的政策咨询、岗位信息、职业指导和职业介绍等服务。对认定为就业困难人员的戒毒康复人员，提供就业援助。

第三，公安机关、司法行政部门、人力资源和社会保障部门等组织有培训意愿的戒毒康复人员参加职业技能培训或创业培训，帮助戒毒康复人员提高就业技能并按规定落实培训补贴；对通过初次职业技能鉴定并取得职业资格证书的符合相关条件的戒毒康复人员，按规定给予一次性职业技能鉴定补贴。

第四，政府与有社会责任感的企业合作，有条件的地方可以企业为依托，建立企业就业安置基地，集中安置戒毒康复人员就业。鼓励和支持戒毒康复人员通过兴办企业、个体经营等形式实现创业、自谋职业、灵活就业。对吸纳戒毒康复人员就业的企业，以及实现创业、灵活就业的戒毒康复人员，按规定落实信贷支持、税费减免、社会保险补贴、岗位补贴等扶持政策。对纳入当地就业援助对象范围的戒毒康复人员，可通过辖区内公益性岗位安置就业，并按规定落实社会保险补贴和岗位补贴。

第五，市场监督管理部门要为戒毒康复人员创办个体工商户、私营企业提供法规、政策咨询等优质服务。金融机构要按照国家有关规定给予小额担保贷款等信贷支持。农业部门要利用农业发展资金和科技项目，扶持戒毒康复人员创办种植、养殖等生产基地，积极为戒毒康复人员提供农业科技信息。人力资源和社会保障部门要按规定对符合就业困难人员条件的灵活就业的戒毒康复人员给予社会保险补贴。戒毒康复人员从事个体经营符合税收政策规定条件的，按规定享受相应的税收优惠政策。

第六，政府充分考虑戒毒康复人员就业需要，加强社区服务设施建设，按规定开发适当的公益性岗位，鼓励戒毒康复人员参加各种职业技能培训，为戒毒康复人员就业创造条件。对在公益性岗位安排就业困难人员就业的单位，应当按其实际安排人数给予岗位补贴。在公益性岗位安排就业困难人员就业的单位，可按季度向当地人力资源和社会保障部门申请公益性岗位补贴。

—— 法律链接 ——

《国家禁毒委员会办公室、中央社会管理综合治理委员会办公室、公安部、国家卫生和计划生育委员会、民政部、司法部、财政部、人力资源和社会保障部、农业部、国家工商行政管理总局、国家税务局关于加强戒毒康复人员就业扶持和救助服务工作的意见》(2014 年 3 月 26 日发布)

做好戒毒康复人员就业扶持和救助服务工作,是巩固戒毒成果、减少毒品危害的必然要求,也是创新特殊人群管理服务、改善保障民生、维护社会和谐稳定的重要举措。近年来,各地区、各有关部门坚持教育、感化、挽救的方针,着力建立戒毒治疗、康复指导、救助服务兼备的工作体系,积极帮助戒毒康复人员戒断毒瘾、融入社会,有效减轻了毒品社会危害。但是,由于长期吸毒,绝大多数戒毒康复人员失去工作岗位,家庭生活困难,加之缺乏一技之长,难以就业和再就业,有的重新吸毒,有的走上犯罪道路,严重影响社会和谐稳定。为认真贯彻落实党的十八大关于完善和创新特殊人群管理服务的部署要求,深入贯彻实施《中华人民共和国禁毒法》和《戒毒条例》,进一步加强戒毒康复人员就业扶持和救助服务工作,现提出如下意见:

一、完善就业扶持政策,积极帮助戒毒康复人员融入社会

(一)明确就业扶持对象。各地区、各有关部门要从本地实际出发,积极做好社会面戒毒康复人员的就业扶持工作。当前,要重点促进社会面上有就业愿望和劳动能力的吸食阿片类毒品的戒毒康复人员就业,有条件的地方可以开展强制隔离戒毒出所、家庭生活困难、有就业愿望和劳动能力的滥用合成毒品人员的就业扶持工作。

(二)加强失业登记和就业援助。公安机关要做好戒毒康复人员生活就业状况的调查摸底、就业信息的登记录入工作,协助基层组织、相关部门和企业加强戒毒康复人员的日常管理。人力资源社会保障

部门公共就业服务机构要做好戒毒康复人员就业服务工作，为符合失业登记条件、有就业愿望的戒毒康复人员进行失业登记，并提供免费的职业指导和职业介绍服务。各地可以适当放宽戒毒康复人员就业困难人员的认定条件，对符合条件的戒毒康复人员提供就业援助。戒毒康复人员符合条件的，按照有关规定享受税费减免、信贷支持、社会保险补贴、公益性岗位补贴等就业扶持政策。

（三）探索建立就业安置基地。各地可以根据实际需要，依托社区、企业和社会力量，引进劳动生产项目，统筹规划建立集戒毒、康复、培训、劳动、就业、救助于一体的就业安置基地（点），集中安置戒毒康复人员。

（四）鼓励企业吸纳戒毒康复人员就业。对符合税收政策规定条件的招用戒毒康复人员的企业，按规定享受相应的税收优惠政策。人力资源社会保障部门要按规定对各类企业招用符合就业困难人员条件的戒毒康复人员给予社会保险补贴。

（五）大力支持自主创业和自谋职业。各地要充分运用国家现有政策，制定各种优惠措施，鼓励戒毒康复人员自主创业、自谋职业。工商行政管理部门要为戒毒康复人员创办个体工商户、私营企业提供法规、政策咨询等优质服务。金融机构要按照国家有关规定给予小额担保贷款等信贷支持。农业部门要利用农业发展资金和科技项目，扶持戒毒康复人员创办种植、养殖等生产基地，积极为戒毒康复人员提供农业科技信息。人力资源社会保障部门要按规定对符合就业困难人员条件的灵活就业的戒毒康复人员给予社会保险补贴。戒毒康复人员从事个体经营符合税收政策规定条件的，按规定享受相应的税收优惠政策。

（六）积极开发社区就业岗位。各地要充分考虑戒毒康复人员就业需要，加强社区服务设施建设，按规定开发适当的公益性岗位，鼓励戒毒康复人员参加各种职业技能培训，为戒毒康复人员就业创造条件。对在公益性岗位安排就业困难人员就业的单位，应当按其实际安排人数给予岗位补贴。在公益性岗位安排就业困难人员就业的单位，可按季度向当地人力资源社会保障部门申请公益性岗位补贴。

（七）利用戒毒康复场所促进就业。各地要把戒毒康复场所作为促进戒毒康复人员就业的重要渠道，动员戒毒康复人员自愿到戒毒康复场所生活就业。特别是对强制隔离戒毒出所后无家可归、无业可就、无亲可投的“三无”人员，应当积极规劝其到戒毒康复场所生活就业。

二、加强职业技能培训，提高戒毒康复人员就业创业能力

（八）开展职业技能培训。人力资源社会保障部门要将戒毒康复人员纳入职业培训总体规划，有计划地组织戒毒康复人员开展职业技能培训。公安机关、司法行政部门负责组织强制隔离戒毒所、戒毒康复场所戒毒康复人员，人力资源社会保障部门负责提供培训教材和师资，共同对在所戒毒康复人员进行职业技能培训，经职业技能鉴定合格的颁发相应的职业资格证书。

（九）落实职业技能培训补助政策。人力资源社会保障、财政部门对符合申领条件的戒毒康复人员参加就业技能培训或创业培训应当按规定给予职业培训补贴，对通过初次职业技能鉴定并取得职业资格证书或专项职业能力证书的应当按规定给予一次性职业技能鉴定补贴。

三、落实社会保障政策，改善戒毒康复人员生活条件

（十）落实医疗保险政策。人力资源社会保障部门和卫生计生行政部门要积极引导戒毒康复人员参加职工基本医疗保险、城镇居民基本医疗保险或新型农村合作医疗；对符合城乡医疗救助条件的戒毒康复人员参加城镇居民基本医疗保险或新型农村合作医疗个人缴纳部分应当给予相应的补助。

（十一）开展戒毒医疗。卫生计生行政部门要加强戒毒医疗卫生机构建设，充分运用社区卫生医疗服务机构、自愿戒毒医疗机构等卫生医疗资源，积极为戒毒康复人员提供门诊治疗、住院治疗、药物维持治疗、心理咨询等戒毒医疗服务；会同有关部门，根据工作需要，稳步扩大戒毒药物维持治疗覆盖面，探索建立激励机制，加强对服药人员的管理和综合服务，提高维持治疗保持率，确保治疗效果。

（十二）做好养老保险和失业保险工作。人力资源社会保障部门对已经参加职工基本养老保险或城乡居民基本养老保险的戒毒康复人员，要积极引导其按规定继续参保缴费或享受基本养老保险待遇；对已经参加失业保险的戒毒康复人员，要按规定保障其失业保险待遇，并提供相应再就业服务。

（十三）落实社会救助。民政部门要把戒毒康复人员及其家庭列为社区服务对象，纳入专业社会工作服务范畴，做好社会救助工作；对符合条件的戒毒康复人员及其家庭应当按规定将其相应纳入城乡最低生活保障和农村五保供养范围；对因特殊原因造成基本生活出现暂时困难的戒毒康复人员家庭应当给予临时救助。地方人民政府对符合条件的戒毒康复人员及其家庭应当提供廉租住房，在戒毒康复场所生活就业的戒毒康复人员应当享受廉租住房政策。

四、加强组织领导，切实落实戒毒康复人员就业扶持和救助服务工作措施

（十四）明确职责任务。各级禁毒委员会要从加强和创新社会治理、创新和完善特殊人群管理服务出发，充分认识做好戒毒康复人员就业扶持和救助服务工作的重要性和必要性，推动当地党委、政府把这项工作纳入经济社会发展规划，制定各项优惠政策，推出各种服务举措，积极为戒毒康复人员融入社会提供有力保障。各级禁毒委员会办公室要抓好组织、协调和指导，精心制定方案，明确任务目标，采取

成立领导小组、建立联席会议制度、领导分片包点等形式，推动戒毒康复人员就业扶持和救助服务工作健康深入开展。乡(镇)人民政府、城市街道办事处和社区戒毒工作小组要切实承担戒毒康复人员管理和服务的责任，认真落实职业技能培训、职业指导以及就业、就学、就医援助等就业扶持和救助服务措施，帮助戒毒康复人员解决工作生活困难。各有关部门要把戒毒康复人员就业扶持和救助服务工作纳入本部门、本系统工作整体规划，统筹安排部署，密切协作配合，形成政府统筹负责、部门责任落实、社会力量广泛参与的工作格局。

(十五)创新管理机制。各地区、各有关部门要坚持以人为本、科学戒毒、综合矫治、关怀救助的戒毒工作原则，进一步创新工作理念，改进管理方法，体现人文关怀，提高服务水平，使戒毒康复人员有学可上、有业可就、病有所医、困有所帮。建立社区戒毒、强制隔离戒毒、社区康复、戒毒药物维持治疗、戒毒康复场所康复与促进戒毒康复人员就业相互衔接的工作机制，形成集生理脱毒、身心康复、就业扶持、融入社会等功能于一体的戒毒康复新模式。戒毒康复人员就业安置基地要建立管理办公室，公安、综治、卫生计生行政、司法行政、民政、人力资源社会保障等部门和相关企业分工负责、通力协作，共同做好戒毒康复人员服务和管理工作。

(十六)加强督导考核。各地禁毒委员会和有关部门领导同志要经常深入基层，实地检查指导，帮助解决工作中遇到的实际困难和问题。各级禁毒委员会办公室要组织有关部门深入开展调查研究，掌握工作进度，分析研究问题，做好日常监督检查和考评考核工作。各级综治组织要把戒毒康复人员就业扶持和救助服务工作纳入平安建设、综治工作考评重要内容，禁毒委员会办公室要将其纳入禁毒工作总体绩效考评和吸毒人员动态管控考核范围，建立奖励激励机制，对领导重视、保障有力、措施落实、成效明显的地区和单位给予通报表扬，对在戒毒康复人员就业扶持和救助服务工作中做出突出贡献的企业单位负责人、禁毒工作者给予表彰奖励。

《人力资源社会保障部办公厅、国家禁毒委办公室、公安部办公厅、民政部办公厅、司法部办公厅关于做好戒毒康复人员就业和社会保障工作的通知》(2015年7月14日发布)

一、充分认识做好戒毒康复人员就业和社会保障工作的重要性。戒毒康复人员是一个特殊群体,做好他们的就业和社会保障工作,对于减少毒品社会危害、维护社会治安、构建和谐社会具有重要意义。各地要从大局出发,提高认识,增强做好戒毒康复人员就业和社会保障工作的责任感和主动性,采取有效措施,加大工作力度,拓宽就业渠道,加强技能培训,做好社会保障和社会救助工作,积极帮助他们解决生活和就业中的困难,提升他们回归社会的信心和融入社会的能力,为加快建成小康社会营造良好社会环境。

二、加强对戒毒康复人员的就业服务和援助。公安机关、司法行政部门要做好本系统登记或收治戒毒人员生活就业状况、就业意愿的登记录入工作,对戒毒人员进行政策宣传,引导其中有就业意愿和就业能力、处于无业状态的康复人员到公共就业服务机构进行失业登记和求职登记。人力资源社会保障部门公共就业服务机构要及时为符合条件的戒毒康复人员进行失业登记,发放《就业创业证》,有针对性地提供政策咨询、岗位信息、职业指导和职业介绍等服务。有条件的地方可结合实际适当放宽戒毒康复人员就业困难人员认定条件,对符合条件的戒毒康复人员及时提供就业援助。

三、着力提高戒毒康复人员就业能力。各地要充分发挥各类职业培训机构作用,组织有培训意愿的戒毒康复人员参加职业技能培训或创业培训,帮助戒毒康复人员提高就业技能。鼓励和支持集中安置戒毒康复人员的企业和戒毒康复场所建立技能培训基地。对参加技能培训的符合相关条件的戒毒康复人员，按规定落实培训补贴；对通过初次职业技能鉴定并取得职业资格证书的符合相关条件的戒毒康复人员，按规定给予一次性职业技能鉴定补贴。

四、促进戒毒康复人员多渠道就业。各地要充分调动政府部门、企业、社会组织等各方面的积极性，充分运用各项就业创业扶持政策，广泛动员社会各界为戒毒康复人员提供就业创业机会。加强与有社会责任感的企业合作，倡导和鼓励企业吸纳戒毒康复人员就业，有条件的地方可以企业为依托，建立企业就业安置基地，集中安置戒毒康复人员就业。鼓励和支持戒毒康复人员通过兴办企业、个体经营等形式实现创业、自谋职业、灵活就业。对吸纳戒毒康复人员就业的企业，以及实现创业、灵活就业的戒毒康复人员，按规定落实信贷支持、税费减免、社会保险补贴、岗位补贴等扶持政策。对纳入当地就业援助对象范围的戒毒康复人员，可通过辖区内公益性岗位安置就业，并按规定落实社会保险补贴和岗位补贴。

五、切实落实社会保险政策。各地要结合实际，认真落实和完善戒毒康复人员参加社会保险的各项政策措施。戒毒康复人员中已实现就业的，应按规定参加各类社会保险；未就业的，可参加城乡居民基本养老保险、城镇居民基本医疗保险和新型农村合作医疗。对符合城乡医疗救助条件的戒毒康复人员参加城镇居民基本医疗保险或新型农村合作医疗的个人缴费部门予以补贴。有关戒毒药物可按规定和程序纳入基本医保药品目录。要及时研究解决把戒毒康复人员纳入社会保险过程中出现的新情况、新问题，确保政策制度全覆盖。

六、加强社会保险经办服务。各级社会保险经办机构要切实做好社会保险登记、个人权益记录、保险关系转移接续、待遇发放等工作，为戒毒康复人员提供及时、便捷的服务。要充分发挥街道、社区基层工作平台的功能作用，实现经办流程无障碍，管理服务人性化，力争使符合条件的戒毒康复人员都能及时、顺畅参加社会保险，充分享有社会保障基本权利。

七、加强组织领导。做好戒毒康复人员就业和社会保障工作是一项负责的系统工程。各地人力资源社会保障部门、禁毒工作部门、公安部门、民政部门、司法行政部门要加大宣传力度，营造全社会关心支持戒毒康复事业的舆论氛围，充分发挥各自职能优势，通力协作、密切配合，建立健全沟通协调机制，形成工作合力，共同促进戒毒康复人员回归社会。

专栏五 “本子”

话题十四　办　　证

问题1　张三在强制隔离戒毒期间身份证件丢失，可否请人代办？可否办理临时身份证？

回答：张三不能请人代办身份证，也不能办理临时身份证。申领身份证需采集申领人的图像和指纹，尤其是指纹采集须本人到场才能完成，故他人无法代办。

由于戒毒人员在强制隔离戒毒期间人身自由受限，身份证件也需上交，即强制隔离戒毒期间通常无须使用身份证，因此，建议张三在解除强制隔离戒毒之后到户籍所在地的街道或乡镇派出所，亲自申领新的身份证或办理临时身份证。

问题2　张三之前是厨师，因吸毒被吊销了健康证。张三成功戒毒之后是否可以补办健康证？戒毒人员补办健康证有没有特殊限制？

回答：可以补办，并且没有特殊限制。根据相关法律规定，健康证的有效期为1年，从事食品生产经营，公共场所服务，化妆品、一次性医疗卫生用品等专业生产，有毒、有害、放射性作业，幼托机构保育这五大行业的相关人员必须拥有健康证。健康证主要筛查的是传染性疾病，如痢疾、伤寒、活动期肺结核、皮肤病（传染性）

和其他有传染性的疾病。如果查出患有这些疾病,则不得从事直接接触入口食品、理发美容、公共浴室等为顾客服务的工作,需等到治愈后才可以工作。因此,是否有过吸毒行为并不在健康证的筛查范围之内,戒毒康复人员如果准备从事需要健康证的行业,只要没有患上述传染性疾病,就可以办理健康证。

法律链接

《食品安全法》(2021 年 4 月 29 日发布)

第四十五条　食品生产经营者应当建立并执行从业人员健康管理制度。患有国务院卫生行政部门规定的有碍食品安全疾病的人员,不得从事接触直接入口食品的工作。

从事接触直接入口食品工作的食品生产经营人员应当每年进行健康检查,取得健康证明后方可上岗工作。

《公共场所卫生管理条例》(2019 年 4 月 23 日发布)

第七条　公共场所直接为顾客服务的人员,持有"健康合格证"方能从事本职工作。患有痢疾、伤寒、病毒性肝炎、活动期肺结核、化脓性或者渗出性皮肤病以及其他有碍公共卫生的疾病的,治愈前不得从事直接为顾客服务的工作。

问题 3　张三是一名出租车司机,其出租车从业资格证因吸毒被吊销,解除强制隔离戒毒之后,张三可以重新获取出租车从业资格证吗?如果可以,应如何申请?

回答:具体还要看各城市人民政府的规定。经咨询武汉市武昌区政务服务中心,申请出租车从业资格需要签署 3 年内无交通肇事犯罪、危险驾驶犯罪记录,无吸毒记录承诺书。张三如果连续 3 年没有吸毒,就可以申请出租车从业资格证。但是在后续审核环节,也有申请人因有被强制隔离戒毒记录而没有通过审核的情况。

——法律链接——

《出租汽车驾驶员从业资格管理规定》(2021年8月11日发布)

第十条　申请参加出租汽车驾驶员从业资格考试的,应当符合下列条件:

(一)取得相应准驾车型机动车驾驶证并具有3年以上驾驶经历;

(二)无交通肇事犯罪、危险驾驶犯罪记录,无吸毒记录,无饮酒后驾驶记录,最近连续3个记分周期内没有记满12分记录;

(三)无暴力犯罪记录;

(四)城市人民政府规定的其他条件。

第三十九条　出租汽车驾驶员有下列不具备安全运营条件情形之一的,由发证机关撤销其从业资格证,并公告作废:

(一)持证人身体健康状况不再符合从业要求且没有主动申请注销从业资格证的;

(二)有交通肇事犯罪、危险驾驶犯罪记录,有吸毒记录,有饮酒后驾驶记录,有暴力犯罪记录,最近连续3个记分周期内记满12分记录。

——资源链接——

武汉市各区政务服务中心信息一览

地区	地址	电话
江岸区	江岸区发展大道790号	027-82905733
江汉区	江汉区常青路恒融商务中心3号楼(2-8层)	027-85767006 027-85755159(夜间)
硚口区	硚口区解放大道213号硚口政务中心大楼	027-83790970 027-83790968

续表

地区	地址	电话
汉阳区	汉阳区四新北路 125 号	027 – 84670589
武昌区	武昌区临江大道 59 号	027 – 88922225
青山区	青山区八大家花园 44 号楼	027 – 86331885
洪山区	洪山区文秀街 9 号	027 – 65397000
东湖风景区	欢乐大道 301 号 9 栋四单元 404	027 – 85397529
东湖开发区	武汉市高新大道 777 号	027 – 50777172
经济开发区(汉南)	东风大道 88 号	027 – 84893938
东西湖区	吴家山街二雅路 292 号	027 – 83256220
黄陂区	黄陂大道 318 号	027 – 61008383
蔡甸区	蔡甸大街 21 号	027 – 69813482
江夏区	江夏区北华街东十号江夏市民之家	027 – 81345800
新洲区	邾城街龙腾大道祥和世纪城特 1 号	027 – 89355335

注：到各区的政务服务大厅咨询办理，可拨打 027 – 65770159 联系武汉市政务服务中心，由武汉市政务服务中心转接到各区的政务服务中心。

问题 4　张三有吸毒史，能办理护照出国吗？

回答：张三能办护照，我国法律对于办理护照没有查询因吸毒被行政处罚记录的要求。但是，我国公民能否出国，还要看目的地国的规定。如果目的地国对具有行政处罚记录的申请人拒绝发放签证，那么也不能到特定国家。具体来说，要看办理签证时，大使馆或领事馆是否要求申请人提供“无违法犯罪记录证明”。如果不需要，则可以顺利办理签证出国。如果需要，则可能会因为存在吸毒的违法记录而无法获得签证。因此,如果张三有出国的想法,应该提前了解目的地国的签证要求,提前做好准备。

——法律链接——

《护照法》(2007年1月1日起施行)

第十三条　申请人有下列情形之一的,护照签发机关不予签发护照:

(一)不具有中华人民共和国国籍的;

(二)无法证明身份的;

(三)在申请过程中弄虚作假的;

(四)被判处刑罚正在服刑的;

(五)人民法院通知有未了结的民事案件不能出境的;

(六)属于刑事案件被告人或者犯罪嫌疑人的;

(七)国务院有关主管部门认为出境后将对国家安全造成危害或者对国家利益造成重大损失的。

第十四条　申请人有下列情形之一的,护照签发机关自其刑罚执行完毕或者被遣返回国之日起六个月至三年以内不予签发护照:

(一)因妨害国(边)境管理受到刑事处罚的;

(二)因非法出境、非法居留、非法就业被遣返回国的。

——资源链接——

以在武汉市武昌区办理为例

步骤一:线上预约

打开支付宝—搜索城市服务—公安交管—出入境服务—护照查询—预约办证—选择办证大厅(选择预约日期和预约时间)—身份认证—选择业务类型(普通护照、往来港澳通行证、往来台湾通行证)—确认预约

步骤二:线下办理(在预约时间内到受理网点办理)

办理时间:周一至周五 8:30—12:00、14:00—17:00,周六 9:00—12:00

办理地点:武昌区临江大道59号武昌区政务服务中心

办公电话:027-88922225

交通指引:公交:临江大道大堤口公交站

地铁:武汉轨道交通二号线积玉桥站C出口

必须线下办理理由:申请人需采集照片及指纹

问题5 张三正在强制隔离戒毒,已经取得的机动车驾驶证是否会被注销?

回答:张三的机动车驾驶证会被注销。涉毒驾驶员在两种情况下会被注销驾驶证:一是吸食、注射毒品后驾驶机动车的;二是正在执行社区戒毒、强制隔离戒毒或者社区康复措施的。

—— 法 律 链 接 ——

《机动车驾驶证申领和使用规定》(2021年12月17日发布,2022年4月1日起施行)

第七十九条　机动车驾驶人有下列情形之一的,车辆管理所应当注销其机动车驾驶证:

……

(六)被查获有吸食、注射毒品后驾驶机动车行为,依法被责令社区戒毒、社区康复或者决定强制隔离戒毒,或者长期服用依赖性精神药品成瘾尚未戒除的;

……

有第一款第二项至第十一项情形之一,未收回机动车驾驶证的,应当公告机动车驾驶证作废。

……

有第一款第二项至第九项情形之一，按照第二十七条规定申请机动车驾驶证，有道路交通安全违法行为或者交通事故未处理记录的，应当将道路交通安全违法行为、交通事故处理完毕。

问题6　张三解除强制隔离戒毒后，要办理什么手续重新申领驾驶证？

回答：解除强制隔离戒毒以后，张三应当按要求完成社区康复的全部内容，时间为3年，并依据规定定期接受尿检。吸毒人员信息状态为戒断3年未复吸，取消动态管控后方可重新到驾校报名申请驾驶证考试。具体参照以下流程：

第一，车管所先发核查函。车管所出具吸毒驾驶人核查函，传真或寄送至吸毒人员户籍地或经常居住地县、区、市公安局分局禁毒大队。核查单位应在接到核查函后尽快完成核查工作，出具吸毒驾驶人信息核查意见表。

第二，派出所出具意见。吸毒驾驶人信息核查意见表先由吸毒人员户籍地或经常居住地派出所出具意见，载明其个人情况、吸毒行为记录、戒毒治疗记录、需办理驾驶证业务内容等。

第三，禁毒大队核查管控信息。吸毒人员携派出所出具的意见表，到所在县、区、市公安局分局禁毒大队进行核查，同时申请毒品尿液检测。禁毒大队对该吸毒人员在吸毒人员库中当前的管控现状等信息进行核查，并打印其动态管控详细信息，加盖公章后提交车管所。

第四，科技部门尿检至少3次。禁毒大队对吸毒人员的毒品尿液检测,要不定期抽检至少3次,每次检测间隔时间要在7天以上,并由科技部门出具检测报告。检测结果均为阴性的,由禁毒大队出具意见,并附历次检测报告。

——法律链接——

《机动车驾驶证申领和使用规定》(2021年12月17日发布,2022年4月1日起施行)

第十五条　有下列情形之一的,不得申请机动车驾驶证:

……

(二)三年内有吸食、注射毒品行为或者解除强制隔离戒毒措施未满三年,或者长期服用依赖性精神药品成瘾尚未戒除的;

……

话题十五　开　证　明

问题1　张三因吸毒被行政拘留或被强制隔离戒毒，还能开具无犯罪记录证明吗？

回答：不可以开具无犯罪记录证明。根据当前各地规定，公安机关只开具无违法犯罪记录证明，不单独开具无犯罪记录证明，而行政拘留或强制隔离戒毒属于违法记录，所以不能开具无违法犯罪记录证明。

——法律链接——

《浙江省公安机关出具有无违法犯罪记录证明工作规定》（试行）（2015年3月1日起施行）

第二条　本规定适用于下列根据法律、法规、规章和省级以上党委、政府及其工作部门有关文件的规定，需要公安机关出具公民个人有无违法犯罪记录证明的情形：

（一）因从事某种特定职业或行业以无相关违法犯罪记录为前提条件，公民本人提出申请的；

（二）因出国（境）、诉讼需要，公民本人提出申请的；

（三）因办理公民有无违法犯罪记录公证事项需要，公证机构提出申请的；

（四）因服兵役、入党、招警（含警察院校招生）、招录公务员、从事航空招飞特殊职业等政审考察需要，相关单位提出申请的；

（五）其他根据法律、法规、规章和有关文件规定，需要出具证明的情形。

虽无法律、法规、规章和相关文件规定，但公民确有正当事由，需要公安机关出具本人有无违法犯罪记录证明的，公安机关也可以视情出具，具体范围由县级以上公安机关确定。

除可能对公共利益造成重大影响的情形外，公安机关不受理第一款规定以外的单位提出的申请，以及公民针对他人提出的申请。

第三条　本规定不适用下列查询公民个人有无违法犯罪记录的情形：

（一）法院、检察、公安、司法行政和国家安全等机关对公民涉嫌刑事犯罪或治安违法情况的调查；

（二）党政机关的纪检监察部门向公安机关了解本单位工作人员的违法犯罪记录情况。

第四条　本规定所称的违法犯罪记录，是指公安机关记录、保存的以下公民违法犯罪信息：

（一）治安行政罚款、行政拘留、收容教育、收容教养（包括劳动教养）、强制隔离戒毒（含强制戒毒）、责令社区戒毒（含限期所外戒毒、社区康复）等行政决定；

（二）管制、拘役、有期徒刑、无期徒刑、死刑、罚金、没收财产、剥夺政治权利等刑事处罚决定；已构成犯罪，因犯罪情节轻微，检察机关作出的不起诉决定或者法院作出免予刑事处罚的生效判决。

第五条　本规定所称的违法犯罪记录证明事项不包括以下情形：

（一）行政

1. 治安调解协议，不予处罚决定；

2. 警告、没收违法所得、没收非法财物、暂扣或者吊销许可证决

定,以及交通违法罚款(申请校车驾驶资格的按照《校车安全管理条例》的规定办理);

3. 传唤(强制传唤)、继续盘问、拘留审查等行政性措施;

4. 其他行政机关作出的行政处罚决定。

(二)刑事

1. 刑事和解协议、撤销刑事案件决定;

2. 因没有犯罪事实(含证据不足,不能认定有罪),或者有《刑事诉讼法》第十五条规定情形之一,检察机关作出的不起诉决定和法院作出的无罪判决;

3. 拘传、取保候审、监视居住、刑事拘留、逮捕等刑事强制措施信息。

(三)行政案件办理或者刑事诉讼活动中形成的,记载案件受理、立案、调查取证、起诉、审判等内容的过程性信息;

(四)按照有关规定已被封存或者应当被封存的公民在未成年期间实施的违法犯罪的处理记录,但有关单位根据国家规定进行查询的除外。

第十一条　公安派出所受理申请后,应当根据申请内容,按照以下途径开展查询工作:

(一)通过全国违法犯罪人员信息资源库、浙江公安打防控主干应用系统、执法办案平台、浙江省违法犯罪人员信息系统、浙江禁毒信息管理系统查询。上述系统所记录的信息不清晰的,可以通过其他应用系统进行辅助查询。

因信息系统记录的违法犯罪记录信息不完整、不清晰而无法准确认定的,应当向与案件办理相关的公安机关,或者检察机关、人民法院核查。

(二)有相关纸质档案材料的,应当查阅纸质档案。必要时,承办民警可根据证明出具工作需要开展相关走访核查活动。

查询上述系统和档案材料,承办人员应当将相关网页截图并附卷保存;纸质档案材料记录有违法犯罪信息的,应当复印保存。

第十二条　查询工作结束后,经公安派出所负责人批准,按照以下情形出具相应的证明:

(一)未发现有违法犯罪记录,或者具有本规定第五条规定情形的,应当出具无违法犯罪记录证明。

(二)发现被查询人有违法犯罪记录的,应当出具公民有违法犯罪记录证明。被查询人对查询结果有异议的,应当进行核实,并在核实后出具证明。被查询人本人不要求出具证明的,可以不予出具,但被查询人应当签名确认。

(三)被查询人因涉嫌违法犯罪正在接受调查或被采取强制措施,且案件尚未办结的,暂缓出具有无违法犯罪记录证明,并书面告知申请查询人。被查询人本人要求出具证明的,应当在证明上注明案件正在办理的情况。

《湖北省公安派出所出具违法犯罪记录证明工作规范》(2012年1月12日起施行)

第三条　本规范所称违法犯罪记录证明是指对被证明对象有无违法犯罪记录作出的证明。

第四条　本规范所称违法犯罪记录证明中的违法记录包括公安机关作出的行政处罚和责令社区戒毒、强制隔离戒毒、收容教育、收容教养以及劳动教养的行政强制措施。

第五条　本规范所称违法犯罪记录证明中的犯罪记录包括人民法院作出的刑事处罚生效判决,以及行为人行为已构成犯罪,但由检察机关作出不起诉决定或者人民法院作出免予刑事处罚的生效判决。

犯罪记录不包括拘传、取保候审、监视居住、刑事拘留、逮捕等刑事强制措施。

第六条　以下情形,不列入违法记录证明事项:

(一)被证明对象未满18周岁,因轻微违法受到两次以下罚款、警告处罚的;

(二)因交通违法受到罚款、警告处罚的;

(三)省级以上公安机关规定其他不列入违法记录证明的情形。

第七条　单位或者个人需要公安派出所出具违法犯罪记录证明的,应向被证明对象户籍所在地公安派出所提出书面申请,并提交相关证明材料。

申请提交的相关证明材料应是原件,原件不能留存公安机关的,同时提交复印件。

第八条　符合下列情形之一,公安派出所可以出具违法犯罪记录证明:

(一)国家机关录用工作人员政审;

(二)中国共产党组织吸收新党员政审;

(三)公证机构依法办理公民有无违法犯罪记录公证事项;

(四)公民从事法律、法规、规章规定必须以无相关违法犯罪记录为前提的职业;

(五)省辖市以上公安机关认为确需出具违法犯罪记录证明的其他情形。

第十四条　公安派出所对受理的申请,应进行调查核实,按以下规定办理:

(一)未发现被证明对象有违法犯罪记录的,应出具无违法犯罪记录证明;

(二)发现被证明对象有违法犯罪记录,有相关法律文书文本证明的,应出具有违法犯罪记录证明;

(三)发现被证明对象有违法犯罪记录,暂未获得有效法律文书文本的，不得出具有违法犯罪记录证明，应向保存有效法律文书文本的公安机关提出书面协查。获取有效法律文书文本或书面协查结果的，应据实出具违法犯罪记录证明；无法取得有效法律文书文本或书面协查结果的，应告知申请人到有条件提供证明的单位办理；

（四）发现被证明对象正在被调查、侦查或起诉的，暂不出具违法犯罪记录证明。

问题2 张三有吸毒史，其名下的机动车年检能通过吗？是否需要提供本人的尿检证明？

回答：张三的吸毒史不影响机动车年检，机动车的年检也无须本人的尿检证明。法律并未将车主有吸毒史作为限制年检的法定情形，亦未将尿检作为机动车年检的必要证明材料。

—— 法律链接 ——

《机动车登记规定》（2021年12月17日发布，2022年5月1日起施行）

第五十四条　机动车所有人可以在机动车检验有效期满前三个月内向车辆管理所申请检验合格标志。除大型载客汽车、校车以外的机动车因故不能在登记地检验的，机动车所有人可以向车辆所在地车辆管理所申请检验合格标志。

申请前，机动车所有人应当将涉及该车的道路交通安全违法行为和交通事故处理完毕。申请时，机动车所有人应当确认申请信息并提交行驶证、机动车交通事故责任强制保险凭证、车船税纳税或者免税证明、机动车安全技术检验合格证明。

车辆管理所应当自受理之日起一日内，审查提交的证明、凭证，核发检验合格标志。

问题3　张三因符合相关条件提前解除强制隔离戒毒，现在需要进行社区戒毒，张三找到其居住小区的社区居委会要求居委会为其开具证明，证明其是该社区的居民，社区居委会不予开具，这合法吗？

回答：社区居委会是否应当开具居住证明，需结合各地规定具体判断。各地区普遍出台文件明确社区居委会的盖章项目和负面清单，通常居住证明属于社区应当开具证明的事项。例如，青岛市社区建设指导委员会《青岛市城市社区服务居民使用社区居委会印章目录清单》，苏州市人民政府办公室《苏州市级部门开展服务管理需村（社区）盖章事项清单》对此均有规定。建议先查询所在地区的社区开具证明相关规定，如果有相关规定，可直接要求社区开具证明。

——资源链接——

人民政府政务服务便民热线：12345

12345服务热线各地情况都不同，一般由各地市人民政府设立，一般包括电话12345、网络12345等方式。

12345服务热线一般用于：

（1）对行政职能职责、政策规定、办事流程和其他公共服务信息的咨询；

（2）对行政管理、社会管理、公共服务方面的投诉以及意见和建议；

（3）对行政职权范围内非紧急类管理、服务方面提出的求助；

（4）对公民、法人和其他组织危害群众生命财产安全、危害公共财产安全、影响经济社会发展的违法违规行为的举报；

（5）对政府部门及其工作人员在办事效率、行政效能方面的表扬。

注：各地实际不同，以当地政府文件为准。

话题十六　再　开　卡

问题1　**张三两年的强制隔离戒毒即将结束，他之前使用的手机号会被注销吗？**

回答：如果长期不缴费可能会被注销。强制隔离戒毒期间戒毒人员无法正常使用其手机号码，可能会导致号码因欠费而被停止使用甚至被注销。若想保留原有号码，两年内持续缴费是关键。

三大通信公司均规定，如果手机号码长期不使用，当剩余话费扣完后就会自动停机，停机欠费 90 天后号码会被自动销户并回收。若此时还有未结清的话费，用户就会被移进黑名单，部分业务的办理资格将被限制。

所以，强制隔离戒毒期间，如果不想之前使用的手机号被注销，须保证话费余额充足，可委托亲友每个月固定为该手机号充值；或者办理停机保号业务，每个月只需缴纳 5 元话费即可保证号码不被注销，解除强制隔离戒毒之后再办理复机手续便可正常使用。

问题2　**强制隔离戒毒执行完毕以后，张三想申请办理一张信用卡，强制隔离戒毒的经历是否会对个人征信有影响？**

回答：强制隔离戒毒的经历对个人征信没有影响，张三恢复人身自由后随时可以办理信用卡。

公安机关管理的违法犯罪人员信息资源库和中国人民银行征信中心管理的征信系统是两个独立系统,不会相互影响。信用卡的发放以征信为基础,银行会评估申请人的信用和履约能力。履约能力是对申请人经济情况的审查,与违法记录无关,只要经济可以负担信用卡的还款就可以发放信用卡。在信用额度方面,银行会综合考虑申请人的工作、收入、个人资产及其在其他银行的信用卡的使用情况。因此,原则上张三的戒毒经历不会对他申请信用卡有影响,但是如果张三此前有不良信用记录,则银行审核时,很可能拒绝发卡。

——法律链接——

《征信业管理条例》(2013年3月15日施行)

第四条　中国人民银行(以下称国务院征信业监督管理部门)及其派出机构依法对征信业进行监督管理。

县级以上地方人民政府和国务院有关部门依法推进本地区、本行业的社会信用体系建设,培育征信市场,推动征信业发展。

第十三条　采集个人信息应当经信息主体本人同意,未经本人同意不得采集。但是,依照法律、行政法规规定公开的信息除外。

企业的董事、监事、高级管理人员与其履行职务相关的信息,不作为个人信息。

第十四条　禁止征信机构采集个人的宗教信仰、基因、指纹、血型、疾病和病史信息以及法律、行政法规规定禁止采集的其他个人信息。

征信机构不得采集个人的收入、存款、有价证券、商业保险、不动产的信息和纳税数额信息。但是,征信机构明确告知信息主体提供该信息可能产生的不利后果,并取得其书面同意的除外。

第十五条　信息提供者向征信机构提供个人不良信息，应当事先告知信息主体本人。但是，依照法律、行政法规规定公开的不良信息除外。

第十六条　征信机构对个人不良信息的保存期限，自不良行为或者事件终止之日起为5年；超过5年的，应当予以删除。

在不良信息保存期限内，信息主体可以对不良信息作出说明，征信机构应当予以记载。

第十七条　信息主体可以向征信机构查询自身信息。个人信息主体有权每年两次免费获取本人的信用报告。

第四十四条　本条例下列用语的含义：

（一）信息提供者，是指向征信机构提供信息的单位和个人，以及向金融信用信息基础数据库提供信息的单位。

（二）信息使用者，是指从征信机构和金融信用信息基础数据库获取信息的单位和个人。

（三）不良信息，是指对信息主体信用状况构成负面影响的下列信息：信息主体在借贷、赊购、担保、租赁、保险、使用信用卡等活动中未按照合同履行义务的信息，对信息主体的行政处罚信息，人民法院判决或者裁定信息主体履行义务以及强制执行的信息，以及国务院征信业监督管理部门规定的其他不良信息。

——资源链接——

中国人民银行征信中心客服电话：400－810－8866

中国人民银行征信中心（官网）：http://www.pbccrc.org.cn/

线上查询：进入前述官网的“互联网个人信息服务平台”（https://ipcrs.pbccrc.org.cn/），点击“马上开始”进行操作，个人可以进行信用报告线上查询。同时，征信中心目前授权全国性商业银行的网上银行和手机银行App、中国银联云闪付App、商业银行自助柜员机提供信用报告查询服务。

本人查询信用报告流程①

一、查询个人信用报告的方式

根据《金融信用信息基础数据库本人信用报告查询业务规程》(银征信中心〔2013〕97 号)规定：

个人可以亲自或委托代理人查询个人信用报告。

(一)本人查询信用报告

个人向查询点查询信用报告的,应提供本人有效身份证件原件供查验,同时填写《个人信用报告本人查询申请表》,并留有效身份证件复印件备查。

有效身份证件包括：身份证(第二代身份证须复印正反两面)、军官证、士兵证、护照、港澳居民来往内地通行证、台湾同胞来往大陆通行证、外国人居留证等。

(二)委托他人查询信用报告

委托他人代理向查询点查询个人信用报告的,代理人应提供委托人和代理人的有效身份证件原件、授权委托公证证明供查验,同时填写《个人信用报告本人查询申请表》,并留委托人和代理人的有效身份证件复印件、授权委托公证证明原件备查。

另可自备填写完成《个人信用报告本人查询申请表》。

二、查询个人信用报告的征信分中心联系方式

(详见网页信息)

三、个人信用报告展示的内容

(一)个人基本信息：包括个人身份信息、居住信息、职业信息等。

---

① 《本人查询信用报告流程》,载中国人民银行征信中心官网 2014 年 1 月 14 日,http://www.pbccrc.org.cn/zxzx/kefzx/201401/b3945e1ec8724962961cc8c5916aac13.shtml。

（二）信用交易信息：包括个人信用卡、贷款以及为他人担保信息。

（三）异议标注信息。

（四）本人声明信息。本人声明是客户对本人信用报告中信息所做的说明，征信中心不对本人声明的真实性负责。

（五）查询记录。

四、征信中心关于信用报告的说明

中国人民银行征信中心是中国人民银行的直属事业单位，负责信用信息的收集、整理、保存、加工、分析和展示。信用报告中除个人声明、查询记录和异议标注外的信用信息采自各家银行或其他各类机构，征信中心承诺保持其客观、中立的地位，并保证将这一原则贯穿于信息汇总、加工、整合的全过程中。

专栏六　“面子”

话题十七　动 态 管 控

问题1　张三在戒除毒瘾以后是不是要接受吸毒人员动态管控？这个动态管控是什么？消除要满足什么条件？

回答：张三在戒除毒瘾以后需要接受动态管控。动态管控是2006年公安部推出的一项禁毒措施，全称“吸毒人员网上动态管控预警系统”。该系统收录了全国登记在册的吸毒人员以及其他一些有过毒品犯罪记录的人员信息，被录入的多种信息在全国公安系统内共享。由于需要动用身份证登记的平台都必须接入这套系统，所以被录入人员无论在全国什么地方使用与本人真实身份相关的证件（如身份证），该系统都会自动预警。

戒断3年未复吸的人员通过申请可以取消动态监管。《戒毒条例》第7条第2款规定：“对戒毒人员戒毒的个人信息应当依法予以保密。对戒断3年未复吸的人员，不再实行动态管控。”这里的“戒断3年未复吸”必须在监督下进行，而不是3年之内未再次因吸毒被抓。因此戒毒人员可以到当地社区进行戒毒备案，定期报到进行尿检，一般是第一年2个月1次，第二年3个月1次，第三年半年1次。3年之后通过社区证明，向当地禁毒部门申请消除动态管控。

虽然《戒毒条例》第7条规定戒断3年未复吸将不再实行动态

管控,但实际操作情况很复杂,因为消除管控的权限并不在基层公安机关,需要省级公安机关操作,整个过程非常耗时。同时,所谓的消除管控也只是降低管控的力度,并不是在系统中完全删除人员信息。动态管控根据吸毒人员的实际情况,分为高、中、低三个级别,以不同的颜色代替,最高级别多数是刚被释放的吸毒人员。在社区戒毒的监督下,戒断3年未复吸的人员,通常会下调到最低级别,即不会再对其进行频繁的尿检和盘查。

—— 法律链接 ——

《戒毒条例》(2018年9月18日发布)

第四条　县级以上地方人民政府设立的禁毒委员会可以组织公安机关、卫生行政和负责药品监督管理的部门开展吸毒监测、调查,并向社会公开监测、调查结果。

县级以上地方人民政府公安机关负责对涉嫌吸毒人员进行检测,对吸毒人员进行登记并依法实行动态管控,依法责令社区戒毒、决定强制隔离戒毒、责令社区康复,管理公安机关的强制隔离戒毒场所、戒毒康复场所,对社区戒毒、社区康复工作提供指导和支持。

设区的市级以上地方人民政府司法行政部门负责管理司法行政部门的强制隔离戒毒场所、戒毒康复场所,对社区戒毒、社区康复工作提供指导和支持。

县级以上地方人民政府卫生行政部门负责戒毒医疗机构的监督管理,会同公安机关、司法行政等部门制定戒毒医疗机构设置规划,对戒毒医疗服务提供指导和支持。

县级以上地方人民政府民政、人力资源社会保障、教育等部门依据各自的职责,对社区戒毒、社区康复工作提供康复和职业技能培训等指导和支持。

第七条　戒毒人员在入学、就业、享受社会保障等方面不受歧视。

对戒毒人员戒毒的个人信息应当依法予以保密。对戒断3年未复吸的人员,不再实行动态管控。

《武汉市禁毒条例》(2019年5月23日发布,2019年6月26日起施行)

第三十一条　公安机关应当加强对吸毒人员的发现、认定、登记、分类和查处,实行动态管控。吸毒人员户籍所在地与现居住地不一致的,以现居住地公安机关为主负责动态管控,户籍地公安机关协助。

对符合下列情形之一的吸毒人员,不再纳入动态管控:

(一)吸毒被查获后,未被认定为吸毒成瘾,自被查获之日起三年内无吸毒行为的;

(二)自社区戒毒、社区康复协议执行之日起三年内无吸毒行为且无严重违反社区戒毒、社区复康协议的;

(三)被解除强制隔离戒毒,自解除之日起三年内无吸毒行为的;

(四)法律法规规定的其他情形。

问题2　张三有吸毒史,他能出国旅游或探亲吗?

回答:张三可以办理护照,只要特定国家能够发放签证,张三就能去旅游或探亲。因为吸毒史不属于禁止出国的法定条件。关于出国必备证件——护照的办理问题,请查阅“话题十四　办理证件”中的问题4的相关解答。

——法律链接——

《出境入境管理法》(2013年7月1日起施行)

第十二条　中国公民有下列情形之一的,不准出境:

(一)未持有效出境入境证件或者拒绝、逃避接受边防检查的;

（二）被判处刑罚尚未执行完毕或者属于刑事案件被告人、犯罪嫌疑人的；

（三）有未了结的民事案件，人民法院决定不准出境的；

（四）因妨害国（边）境管理受到刑事处罚或者因非法出境、非法居留、非法就业被其他国家或者地区遣返，未满不准出境规定年限的；

（五）可能危害国家安全和利益，国务院有关主管部门决定不准出境的；

（六）法律、行政法规规定不准出境的其他情形。

问题3 张三有吸毒记录，能乘坐飞机、高铁等公共交通工具吗？

回答：张三可以乘坐飞机或高铁。虽然有吸毒记录的人员会被纳入动态管控，并可能在乘坐交通工具前被要求进行检测，但其不会被禁止乘坐飞机或高铁。

——法律链接——

《禁毒法》（2008年6月1日起施行）

第三十二条第一款　公安机关可以对涉嫌吸毒的人员进行必要的检测，被检测人员应当予以配合；对拒绝接受检测的，经县级以上人民政府公安机关或者其派出机构负责人批准，可以强制检测。

《公安机关办理行政案件程序规定》（2020年8月6日发布）

第八十三条　对违法嫌疑人，可以依法提取或者采集肖像、指纹等人体生物识别信息；涉嫌酒后驾驶机动车、吸毒、从事恐怖活动等违法行为的，可以依照《中华人民共和国道路交通安全法》《中华人民共和国禁毒法》《中华人民共和国反恐怖主义法》等规定提取或者采集血液、尿液、毛发、脱落细胞等生物样本。人身安全检查和当场检查时已经提取、采集的信息，不再提取、采集。

第九十四条第一款　对涉嫌吸毒的人员,应当进行吸毒检测,被检测人员应当配合;对拒绝接受检测的,经县级以上公安机关或者其派出机构负责人批准,可以强制检测。采集女性被检测人检测样本,应当由女性工作人员进行。

问题4　**张三按照要求结束3年的社区康复后,在乘坐汽车、火车、飞机等交通工具或者入住宾馆时刷身份证,还需要接受动态监管吗?**

回答:需要。因为公安机关的工作流程因素,对张三的动态监管可能没有消除,而且即使已消除也不等于从动态监管系统中删除了人员信息,张三仍有可能受到动态监管。

张三是吸毒人员,其个人信息已经录入"吸毒人员网上动态管控预警系统"。信息录入系统后,张三会受到严格监管。张三要想消除动态监管,除了要满足取消动态监管的条件外,程序上还应先由社区居委会开具证明,再向当地禁毒部门提出申请。当通过审核后,张三的动态管控级别会被调到最低级别。

但是消除动态监管不等于完全退出,只要吸毒记录被录入系统就难以退出,所以即使张三已经按照要求接受完3年社区康复,也会因为涉及权限、程序、考核、评估、管理等多个因素造成退出困难,即使已经退出动态监控系统,其吸毒记录也是永远存在的。所以张三在公共场所刷身份证时仍可能受到动态监管。

问题5　**张三在接受社区康复的3年里会受到什么限制,需要接受动态管控吗?如果这段时间里张三有几次不想做社区尿检,会不会被再次强制隔离戒毒?**

回答:在社区康复期间,生活、工作、学习相对自由,但会处于动态监管过程中。负责社区康复的工作人员进行定期或不定期的吸毒检测,接受社区康复人员应当配合工作人员接受检测。接受社区康复人员应当依法履行社区康复协议,不得拒绝或逃避检测,不得擅自离开社区康复执行地所在区。

根据《武汉市禁毒条例》规定,社区康复人员在社区康复期间,如果逃避或拒绝接受检测 3 次以上,则属于严重违反社区康复协议。如果社区康复期间两次拒绝社区尿检,并存在再次吸食、注射毒品的情形,由公安机关依法作出强制隔离戒毒决定。

——法律链接——

《吸毒检测程序规定》(2016 年 12 月 16 日发布,2017 年 1 月 1 日起施行)

第二条　吸毒检测是运用科学技术手段对涉嫌吸毒的人员进行生物医学检测,为公安机关认定吸毒行为提供科学依据的活动。

吸毒检测的对象,包括涉嫌吸毒的人员,被决定执行强制隔离戒毒的人员,被公安机关责令接受社区戒毒和社区康复的人员,以及戒毒康复场所内的戒毒康复人员。

第三条　吸毒检测分为现场检测、实验室检测、实验室复检。

第六条　检测样本为采集的被检测人员的尿液、血液、唾液或者毛发等生物样本。

《武汉市禁毒条例》(2019 年 5 月 23 日发布,2019 年 6 月 26 日起施行)

第四十一条　被责令接受社区康复的人员拒绝接受社区康复或者严重违反社区康复协议,并再次吸食、注射毒品被决定强制隔离戒毒的,强制隔离戒毒不得提前解除。

社区康复人员自收到责令社区康复决定书之日起十五日内,无故未到户籍所在地或者现居住地街道办事处、乡（镇）人民政府签订社区康复协议的，属于拒绝接受社区康复。

社区康复人员在社区康复期间，有下列情形之一的，属于严重违反社区康复协议：

（一）逃避或者拒绝接受检测三次以上；

（二）擅自离开社区康复执行地所在区三次以上或者累计超过三十日的。

问题 6　张三强制隔离戒毒期满后被责令接受社区康复 3 年。在社区康复期间，张三没有再复吸，但在生活中经常被人民警察拦截，带到派出所，要求强制验尿。这种做法是否合法？如果尿检检测呈阴性，是否有赔偿？

回答：上述做法是合法的。因为张三是被决定执行强制隔离戒毒和被责令接受社区康复的人员，属于吸毒检验的对象。因为对张三的吸毒检测行为是合法行政行为，检测结果对行政行为的合法性没有影响，即使呈阴性也无法获得赔偿。

—— 法 律 链 接 ——

《吸毒检测程序规定》（2016 年 12 月 16 日发布，2017 年 1 月 1 日起施行）

第七条　被检测人员拒绝接受检测的，经县级以上公安机关或者其派出机构负责人批准，可以对其进行强制检测。

第八条　公安机关采集、送检、检测样本，应当由两名以上工作人员进行；采集女性被检测人尿液检测样本，应当由女性工作人员进行。

采集的检测样本经现场检测结果为阳性的，应当分别保存在 A、B 两个样本专用器材中并编号，由采集人和被采集人共同签字封存，采用检材适宜的条件予以保存，保存期不得少于六个月。

第九条　现场检测应当出具检测报告,由检测人签名,并加盖检测的公安机关或者其派出机构的印章。

现场检测结果应当当场告知被检测人,并由被检测人在检测报告上签名。被检测人拒不签名的,公安民警应当在检测报告上注明。

第十条　被检测人对现场检测结果有异议的,可以在被告知检测结果之日起的三日内,向现场检测的公安机关提出实验室检测申请。

公安机关应当在接到实验室检测申请后的三日内作出是否同意进行实验室检测的决定,并将结果告知被检测人。

第十九条　公安机关、鉴定机构或者其工作人员违反本规定,有下列情形之一的,应当依照有关规定,对相关责任人给予纪律处分或者行政处分;构成犯罪的,依法追究刑事责任:

(一)因严重不负责任给当事人合法权益造成重大损害的;

(二)故意提供虚假检测报告的;

(三)法律、行政法规规定的其他情形。

话题十八　吸毒史对亲戚的影响

问题1　**张三的吸毒记录对子女就业有影响吗?**

回答:除部分需要通过政审程序的工作外,张三的子女在其他就业方面没有影响。法律规定了戒毒人员就业不受歧视,因此其子女一般情况下不会受到影响。

——法 律 链 接——

《戒毒条例》(2018年9月18日发布)

第七条　戒毒人员在入学、就业、享受社会保障等方面不受歧视。

对戒毒人员戒毒的个人信息应当依法予以保密。对戒断3年未复吸的人员,不再实行动态管控。

问题2　**张三是吸毒人员会影响其子女参加公务员或事业单位招聘考试吗?**

回答:张三是吸毒人员不会影响张三的子女参加公务员或事业单位招聘考试,但不排除在面试通过后的政审环节对考生录用产生不利影响,从而无法顺利通过政审。特定部门或岗位对政审的要求会特别严格。例如,公检法部门不仅审查考生本人,还会对其配偶、直系亲属或对本人有重大影响的旁系亲属进行审查。如果父母有吸毒史或行政违法经历,则不能顺利通过政审,可能无法成为公务员或事业单位工作人员。

法律链接

《公务员法》(2018年12月29日发布,2019年6月1日起施行)

第二十六条　下列人员不得录用为公务员:

(一)因犯罪受过刑事处罚的;

(二)被开除中国共产党党籍的;

(三)被开除公职的;

(四)被依法列为失信联合惩戒对象的;

(五)有法律规定不得录用为公务员的其他情形的。

《公安机关录用人民警察政治考察工作办法》(2020年9月12日发布)

第九条　考察对象的家庭成员具有下列情形之一的,其本人不得确定为拟录用人选:

(一)因故意杀人、故意伤害致人重伤或者死亡、强奸、抢劫、贩卖毒品、放火、爆炸、投放危险物质罪等社会影响恶劣的严重犯罪,或者贪污贿赂数额巨大、具有严重情节,受到刑事处罚的;

(二)有危害国家安全、荣誉和利益行为的;

(三)组织、参加、支持暴力恐怖、民族分裂、宗教极端、邪教、黑社会性质的组织,或者参与相关活动的;

(四)其他可能影响考察对象录用后依法公正履职的情形。

资源链接

一、网站:武汉市人事考试院官网(http://www.whptc.org/)

二、报名、考试信息及政策咨询

1.登录武汉市人事考试院官网查询相关考试信息

2.武汉市人事考试院咨询电话:027－82618011(综合部:职业资

格考试合格人员证书办理);027－82639495(考务部:职业资格考试);027－85786797/85812162(评审部:职称评审材料受理、水平能力测试、发放职称评审任职资格证书)

三、微信公众平台:武汉市人事考试院

四、联系地址:武汉市江汉区新华路25号伟业大厦5楼

五、联系邮箱:ks151@163.com

问题3　张三是吸毒人员会影响张三的子女加入中国共产党吗?

回答:张三是吸毒人员会对子女加入中国共产党的政审有影响,进而可能对其子女入党产生不利影响。

——法律链接——

《中国共产党发展党员工作细则》(2014年5月28日发布)

第五条　年满十八岁的中国工人、农民、军人、知识分子和其他社会阶层的先进分子,承认党的纲领和章程,愿意参加党的一个组织并在其中积极工作、执行党的决议和按期交纳党费的,可以申请加入中国共产党。

第十六条　党组织必须对发展对象进行政治审查。

政治审查的主要内容是:对党的理论和路线、方针、政策的态度;政治历史和在重大政治斗争中的表现;遵纪守法和遵守社会公德情况;直系亲属和与本人关系密切的主要社会关系的政治情况。

政治审查的基本方法是:同本人谈话、查阅有关档案材料、找有关单位和人员了解情况以及必要的函调或外调。在听取本人介绍和查阅有关材料后,情况清楚的可不函调或外调。对流动人员中的发展对象进行政治审查时,还应当征求其户籍所在地和居住地基层党组织的意见。

政治审查必须严肃认真、实事求是,注重本人的一贯表现。审查情况应当形成结论性材料。

凡是未经政治审查或政治审查不合格的,不能发展入党。

——资源链接——

监督电话:武汉市委组织部:12380-2

考评二处:(027)82401962

问题4 张三是吸毒人员,张三的子女能报考警校吗?

回答:法律没有规定吸毒人员子女不能报考公安院校,只将考生本人有吸毒史列为政审不合格的情形。不过,实践中,父母的吸毒史对子女政审环节是有影响的,可能会对最后的录取结果有不利影响。

——法律链接——

《公安院校招生政审工作暂行规定》(公政治〔2006〕206号)

第三条 政审内容包括考生本人、家庭成员和主要社会关系的政治思想表现、遵纪守法和公共道德情况等。

第四条 考生有下列情形之一的,为政审不合格:

(一)曾受过刑事处罚、劳动教养、少年管教,或者近五年曾受过治安处罚的;

(二)有违法犯罪嫌疑正在被政法机关侦查、控制的;

(三)曾受过开除学籍、团籍或者党籍纪律处分,或者近三年曾受过记过以上纪律处分的;

(四)曾参加过"法轮功"等邪教和其他非法组织,或者带有黑社会性质组织的;

(五)有过吸毒史的;

（六）直系亲属和关系密切的旁系亲属中有被处死刑或者因危害国家安全罪被判刑，或者因其他犯罪正在服刑的；

（七）直系亲属和关系密切的旁系亲属中有正在被政法机关侦查、控制的犯罪嫌疑人，或者有“法轮功”等邪教和其他非法组织的骨干分子或顽固不化、继续坚持错误立场的；

（八）其他不宜录取的情形。

—— 资源链接 ——

湖北警官学院

普通本科生招生咨询电话：027－61630333

招生传真号：027－83499613

武汉警官职业学院

招生处电话：027－83214207/83254957

问题5　张三是吸毒人员会影响张三的子女应征入伍吗？

回答：一般情况不会影响张三的子女应征入伍。根据《征兵政治考核工作规定》第8条的规定，家庭成员、主要社会关系成员有危害国家安全行为受到刑事处罚或者正在被侦查、起诉、审判的，组织、参加、支持民族分裂、暴力恐怖、宗教极端等非法组织的，是邪教、有害气功组织或者黑社会性质的组织成员的，才会影响本人入伍，父母吸毒不属于以上情形。

—— 法律链接 ——

《征兵工作条例》(2001年9月5日发布)

第三条第五款　依照法律被剥夺政治权利的人，不征集。被羁押正在受侦查、起诉、审判的或者被判处徒刑、拘役、管制正在服刑的公民，不征集。

《征兵政治考核工作规定》(政保〔2014〕5号)

第七条 征集服现役的公民必须热爱中国共产党,热爱社会主义祖国,热爱人民军队,遵纪守法,品德优良,志愿为抵抗侵略、保卫祖国、保卫人民的和平劳动而英勇奋斗。

第八条 具有下列情形之一的公民,不得征集服现役:

(一)因散布有政治性问题的言论,撰写、编著、制作、发表、出版、传播有危害国家安全或者其他政治性问题的文章、著作、音像制品,编造或者传播有政治性问题的手机、互联网信息,参加法律禁止的政治性组织等,受过处罚的;

(二)组织、参加、支持民族分裂、暴力恐怖、宗教极端等非法组织的;

(三)组织、参加邪教、有害气功组织以及黑社会性质的组织,或者参与相关活动的;

(四)曾被刑事处罚、行政拘留或者收容教养的,涉嫌违法犯罪正在被调查处理或者被侦查、起诉、审判的;

(五)被开除公职、责令辞职、开除学籍,或者被开除党籍、留党察看、开除团籍的;

(六)与国(境)外政治背景复杂的组织或者人员联系,政治上可疑,被有关部门记录在案的;

(七)有涉及淫秽、暴力和非法组织标志等文身的;

(八)家庭成员、主要社会关系成员有危害国家安全行为受到刑事处罚或者正在被侦查、起诉、审判的,组织、参加、支持民族分裂、暴力恐怖、宗教极端等非法组织的,是邪教、有害气功组织或者黑社会性质的组织成员的;

(九)其他不符合征集服现役政治条件的。

第九条 对政治条件有特别要求的单位征集新兵,除执行本规定

第七条、第八条的规定外，对具有下列情形之一的，也不得征集：

（一）参加非法集会、游行、示威以及静坐、绝食、罢工、罢课等活动的；

（二）因损害社会公德或者有打架斗殴、诈骗、偷窃、赌博、吸毒、传播淫秽物品等不良行为，受过处分或者正在被调查处理的；

（三）笃信宗教，拒不退出宗教组织或者活动的；

（四）网络成瘾、沉迷游戏，严重影响正常工作学习生活的；

（五）文身的；

（六）16周岁以后有出国（境）经历并且连续在国（境）外驻留6个月以上的；

（七）家庭成员对中国共产党和社会主义制度有不满言行被查处的，被刑事处罚或者开除党籍、军籍、公职的，涉嫌严重违纪违法正在被调查处理或者正在被侦查、起诉、审判的；

父母（监护人、直接抚养人）、配偶加入外国国籍或者持有外国永久居留证的；

（八）其他不符合对政治条件的特别要求的。

对征集新兵政治条件有特别要求的单位，由国防部征兵办公室商有关部门确定。

——资源链接——

全国征兵网：https://www.gfbzb.gov.cn/

全国征兵网客服邮箱：kefu@chsi.com.cn

话题十九　对吸毒人员的处罚

问题1　如果张三吸毒后主动去接受戒毒治疗，还会受到行政处罚吗？

回答：张三吸毒后，主动去接受戒毒治疗的，不会受到行政处罚。按照法律规定，吸毒人员主动到公安机关登记或者到有资质的医疗机构接受戒毒治疗的，不予处罚。

——法律链接——

《戒毒条例》(2018年9月18日发布)

第九条　国家鼓励吸毒成瘾人员自行戒除毒瘾。吸毒人员可以自行到戒毒医疗机构接受戒毒治疗。对自愿接受戒毒治疗的吸毒人员，公安机关对其原吸毒行为不予处罚。

《关于执行〈中华人民共和国禁毒法〉有关问题的批复》(2008年12月23日发布)

一、对吸食、注射毒品人员，无论成瘾与否，应当根据《中华人民共和国治安管理处罚法》第七十二条的规定，予以治安管理处罚。但是，吸毒人员主动到公安机关登记或者到有资质的医疗机构接受戒毒治疗的，不予处罚。

二、《中华人民共和国禁毒法》规定的社区戒毒、强制隔离戒毒措施不是行政处罚，而是一种强制性的戒毒治疗措施。对吸毒成瘾人员,公安机关可以同时依法决定予以治安管理处罚和社区戒毒或者强制隔离戒毒。

《武汉市禁毒条例》(2019 年 5 月 23 日发布,2019 年 6 月 26 日起施行)

第三十四条　鼓励吸毒人员自行到戒毒医疗机构接受戒毒治疗。对自愿接受戒毒治疗的吸毒人员,公安机关对其原吸毒行为依法不予处罚。未成年人自愿戒毒的,由其监护人提出。

吸毒人员户籍所在地或者现居住地街道办事处、乡(镇)人民政府可以对无能力支付戒毒医疗费用的家庭困难吸毒人员提供戒毒治疗救助。

第三十六条　鼓励吸毒人员通过医疗约束性戒毒治疗戒除毒瘾。

吸毒人员自愿接受医疗约束性戒毒治疗的,可以向吸毒人员户籍所在地、现居住地公安机关或者街道办事处、乡(镇)人民政府提出申请。

吸毒人员或者其监护人应当与医疗约束性戒毒治疗机构签订戒毒治疗协议,就戒毒治疗期限、措施、权利义务等事项进行约定,接受戒毒治疗。

问题 2　张三刚满 14 周岁,因吸毒被公安机关罚款 500 元,会留案底吗?

回答:不会留案底。但因吸毒受到罚款和行政拘留的行政处罚,公安机关会保存行政处罚记录。案底是指某人过去犯罪行为的记录,又称犯罪记录制度,一般指有过刑事犯罪前科的档案记录。吸毒是违法行为而非犯罪,公安机关对吸毒人员给予行政处罚,包括罚款、拘留等,会采集吸毒人员照片以及身高、体重、指纹、血液、虹膜等个人信息,违法记录由公安机关保存,不对外公布。

问题3 吸毒后多长时间不再进行行政处罚?

回答:吸毒行为在6个月内没有被公安机关发现的,不再处罚,但吸毒行为一直持续的,不受期限的限制。

——法律链接——

《治安管理处罚法》(2012年10月26日发布,2013年1月1日起施行)

第二十二条　违反治安管理行为在六个月内没有被公安机关发现的,不再处罚。

前款规定的期限,从违反治安管理行为发生之日起计算;违反治安管理行为有连续或者继续状态的,从行为终了之日起计算。

问题4 吸毒后开车会受到什么行政处罚?

回答:吸食或注射毒品后驾驶机动车可能有两方面后果:其一,因为吸毒受到拘留、罚款等行政处罚;其二,除依法予以处罚、采取戒毒措施外,还会被吊销驾驶员驾驶证。

——法律链接——

《治安管理处罚法》(2012年10月26日发布,2013年1月1日起施行)

第七十二条　有下列行为之一的,处十日以上十五日以下拘留,可以并处二千元以下罚款;情节较轻的,处五日以下拘留或者五百元以下罚款:

(一)非法持有鸦片不满二百克、海洛因或者甲基苯丙胺不满十克或者其他少量毒品的;

(二)向他人提供毒品的;

(三)吸食、注射毒品的;

(四)胁迫、欺骗医务人员开具麻醉药品、精神药品的。

《道路交通安全法》(2021年4月29日发布)

第二十二条 机动车驾驶人应当遵守道路交通安全法律、法规的规定,按照操作规范安全驾驶、文明驾驶。

饮酒、服用国家管制的精神药品或者麻醉药品,或者患有妨碍安全驾驶机动车的疾病,或者过度疲劳影响安全驾驶的,不得驾驶机动车。

任何人不得强迫、指使、纵容驾驶人违反道路交通安全法律、法规和机动车安全驾驶要求驾驶机动车。

第二十四条 公安机关交通管理部门对机动车驾驶人违反道路交通安全法律、法规的行为,除依法给予行政处罚外,实行累积记分制度。公安机关交通管理部门对累积记分达到规定分值的机动车驾驶人,扣留机动车驾驶证,对其进行道路交通安全法律、法规教育,重新考试;考试合格的,发还其机动车驾驶证。

对遵守道路交通安全法律、法规,在一年内无累积记分的机动车驾驶人,可以延长机动车驾驶证的审验期。具体办法由国务院公安部门规定。

《机动车驾驶证申领和使用规定》(2021年12月17日发布,2022年4月1日起施行)

第十五条 有下列情形之一的,不得申请机动车驾驶证:

(一)有器质性心脏病、癫痫病、美尼尔氏症、眩晕症、癔病、震颤麻痹、精神病、痴呆以及影响肢体活动的神经系统疾病等妨碍安全驾驶疾病的;

(二)三年内有吸食、注射毒品行为或者解除强制隔离戒毒措施未满三年,以及长期服用依赖性精神药品成瘾尚未戒除的;

（三）造成交通事故后逃逸构成犯罪的；

（四）饮酒后或者醉酒驾驶机动车发生重大交通事故构成犯罪的；

（五）醉酒驾驶机动车或者饮酒后驾驶营运机动车依法被吊销机动车驾驶证未满五年的；

（六）醉酒驾驶营运机动车依法被吊销机动车驾驶证未满十年的；

（七）驾驶机动车追逐竞驶、超员、超速、违反危险化学品安全管理规定运输危险化学品构成犯罪依法被吊销机动车驾驶证未满五年的；

（八）因本款第四项以外的其他违反交通管理法律法规的行为发生重大交通事故构成犯罪依法被吊销机动车驾驶证未满十年的；

（九）因其他情形依法被吊销机动车驾驶证未满二年的；

（十）驾驶许可依法被撤销未满三年的；

（十一）未取得机动车驾驶证驾驶机动车，发生负同等以上责任交通事故造成人员重伤或者死亡未满十年的；

（十二）三年内有代替他人参加机动车驾驶人考试行为的；

（十三）法律、行政法规规定的其他情形。

未取得机动车驾驶证驾驶机动车，有第一款第五项至第八项行为之一的，在规定期限内不得申请机动车驾驶证。

话题二十　社区戒毒

问题1　**什么是社区戒毒？社区戒毒是强制的吗？**

回答：社区戒毒，是指依托社区资源进行戒毒治疗、康复指导、救助服务兼备的工作体系，是充分发挥社区、家庭的作用帮助吸毒成瘾人员戒除毒瘾的重要创新举措，充分体现戒毒工作以人为本的原则。社区戒毒虽然不是强制隔离戒毒，但也属于公安机关以责令社区戒毒决定书决定的强制性戒毒治疗措施。

城市街道办事处、乡镇人民政府负责社区戒毒工作。社区戒毒的期限为3年。城市街道办事处、乡镇人民政府可以指定相关基层组织与戒毒人员签订社区戒毒协议。接受社区戒毒的戒毒人员应当遵守法律、法规，自觉履行社区戒毒协议，并根据公安机关的要求，定期接受检测。

对违反社区戒毒协议的戒毒人员，参与社区戒毒的工作人员应当进行批评、教育；对严重违反社区戒毒协议或者在社区戒毒期间又吸食、注射毒品的，应当及时向公安机关报告。

——法律链接——

《禁毒法》(2008年6月1日起施行)

第三十三条　对吸毒成瘾人员，公安机关可以责令其接受社区戒毒，同时通知吸毒人员户籍所在地或者现居住地的城市街道办事处、乡镇人民政府。社区戒毒的期限为三年。

戒毒人员应当在户籍所在地接受社区戒毒;在户籍所在地以外的现居住地有固定住所的,可以在现居住地接受社区戒毒。

第三十四条　城市街道办事处、乡镇人民政府负责社区戒毒工作。城市街道办事处、乡镇人民政府可以指定有关基层组织,根据戒毒人员本人和家庭情况,与戒毒人员签订社区戒毒协议,落实有针对性的社区戒毒措施。公安机关和司法行政、卫生行政、民政等部门应当对社区戒毒工作提供指导和协助。

城市街道办事处、乡镇人民政府,以及县级人民政府劳动行政部门对无职业且缺乏就业能力的戒毒人员,应当提供必要的职业技能培训、就业指导和就业援助。

第三十五条　接受社区戒毒的戒毒人员应当遵守法律、法规,自觉履行社区戒毒协议,并根据公安机关的要求,定期接受检测。

对违反社区戒毒协议的戒毒人员,参与社区戒毒的工作人员应当进行批评、教育;对严重违反社区戒毒协议或者在社区戒毒期间又吸食、注射毒品的,应当及时向公安机关报告。

《武汉市禁毒条例》(2019年5月23日发布,2019年6月26日起施行)

第三十三条　街道办事处、乡(镇)人民政府设立社区戒毒社区康复工作机构,落实专门办公场所,配备专职禁毒社会工作者,将吸毒人员管控纳入网格化社会服务管理体系。

社区戒毒社区康复工作机构根据吸毒人员染毒情况、行为特征、现实表现等,综合评定吸毒人员的风险等级,实行分类管理,并提供必要的心理治疗和辅导、职业培训以及就学、就业、就医援助。

第四十条　社区戒毒、社区康复按照下列方式执行:

(一)在吸毒人员户籍所在地街道办事处、乡(镇)人民政府执行;

（二）本市吸毒人员现居住地与户籍所在地不一致，可以在现居住地执行；

（三）市外吸毒人员在本市居住半年以上，有合法稳定就业或者住所的，可以在现居住地执行；

（四）户籍所在地或者现居住地发生变化，由原执行地街道办事处、乡（镇）人民政府按照规定将有关材料转送至新执行地街道办事处、乡（镇）人民政府，重新签订社区戒毒、社区康复协议，继续执行剩余期限。

问题2　如果张三是第一次被发现吸毒，那么张三一定是在社区戒毒吗？

回答：公安机关不一定责令张三接受社区戒毒。如果公安机关认定张三吸毒成瘾严重，可以直接作出强制隔离戒毒的决定，这也包括第一次发现的吸毒成瘾者，因此要根据具体的情况来判定。

如果张三是特殊群体，如吸毒成瘾的怀孕或者正在哺乳自己不满1周岁婴儿的妇女，不适用强制隔离戒毒，而是依法实行社区戒毒。如果张三是不满16周岁的吸毒成瘾的未成年人，出于对未成年人的保护和其身心特点，公安机关可以不适用强制隔离戒毒而是责令其接受社区戒毒。

社区戒毒并不是强制隔离戒毒的前置程序。如果吸毒人员是“吸毒成瘾严重，通过社区戒毒难以戒除毒瘾的人员”，即使是第一次吸毒被抓，公安机关也可以直接决定强制隔离戒毒。“通过社区戒毒难以戒除毒瘾的人员”是对“吸毒成瘾严重”的一种解释，并不是说一定属于社区戒毒后复吸的情形。法律规定了认定“吸毒成瘾严重”的三种情况，只要有其中之一即可认定。第一种是曾经被责令社区戒毒、强制隔离戒毒(含《禁毒法》实施以前被强制戒毒或者劳教戒毒)、社区康复或者参加过戒毒药物维持治疗,再次吸食、注射毒品的。第二种是有证据证明其采取注射方式使用毒品或者多次使用两类以上毒品的。第三种是有证据证明其使用毒品后伴有聚众淫乱、自伤自残或者暴力侵犯他人人身、财产安全等行为的。对于这三种情况,是可以直接进入强制隔离戒毒程序的。

——法律链接——

《禁毒法》(2008年6月1日起施行)

第三十三条　对吸毒成瘾人员,公安机关可以责令其接受社区戒毒,同时通知吸毒人员户籍所在地或者现居住地的城市街道办事处、乡镇人民政府。社区戒毒的期限为三年。

戒毒人员应当在户籍所在地接受社区戒毒;在户籍所在地以外的现居住地有固定住所的,可以在现居住地接受社区戒毒。

第三十八条　吸毒成瘾人员有下列情形之一的,由县级以上人民政府公安机关作出强制隔离戒毒的决定:

(一)拒绝接受社区戒毒的;

(二)在社区戒毒期间吸食、注射毒品的;

(三)严重违反社区戒毒协议的;

(四)经社区戒毒、强制隔离戒毒后再次吸食、注射毒品的。

对于吸毒成瘾严重,通过社区戒毒难以戒除毒瘾的人员,公安机关可以直接作出强制隔离戒毒的决定。

吸毒成瘾人员自愿接受强制隔离戒毒的,经公安机关同意,可以进入强制隔离戒毒场所戒毒。

第三十九条　怀孕或者正在哺乳自己不满一周岁婴儿的妇女吸

毒成瘾的,不适用强制隔离戒毒。不满十六周岁的未成年人吸毒成瘾的,可以不适用强制隔离戒毒。

对依照前款规定不适用强制隔离戒毒的吸毒成瘾人员,依照本法规定进行社区戒毒,由负责社区戒毒工作的城市街道办事处、乡镇人民政府加强帮助、教育和监督,督促落实社区戒毒措施。

《吸毒成瘾认定办法》(2016年12月29日发布,2017年4月1日起施行)

第二条　本办法所称吸毒成瘾,是指吸毒人员因反复使用毒品而导致的慢性复发性脑病,表现为不顾不良后果、强迫性寻求及使用毒品的行为,常伴有不同程度的个人健康及社会功能损害。

第三条　本办法所称吸毒成瘾认定,是指公安机关或者其委托的戒毒医疗机构通过对吸毒人员进行人体生物样本检测、收集其吸毒证据或者根据生理、心理、精神的症状、体征等情况,判断其是否成瘾以及是否成瘾严重的工作。

本办法所称戒毒医疗机构,是指符合《戒毒医疗服务管理暂行办法》规定的专科戒毒医院和设有戒毒治疗科室的其他医疗机构。

第四条　公安机关在执法活动中发现吸毒人员,应当进行吸毒成瘾认定;因技术原因认定有困难的,可以委托有资质的戒毒医疗机构进行认定。

第六条　公安机关认定吸毒成瘾,应当由两名以上人民警察进行,并在作出人体生物样本检测结论的二十四小时内提出认定意见,由认定人员签名,经所在单位负责人审核,加盖所在单位印章。

有关证据材料,应当作为认定意见的组成部分。

第七条　吸毒人员同时具备以下情形的,公安机关认定其吸毒成瘾:

(一)经血液、尿液和唾液等人体生物样本检测证明其体内含有

毒品成分;

(二)有证据证明其有使用毒品行为;

(三)有戒断症状或者有证据证明吸毒史,包括曾经因使用毒品被公安机关查处、曾经进行自愿戒毒、人体毛发样品检测出毒品成分等情形。

戒断症状的具体情形,参照卫生部制定的《阿片类药物依赖诊断治疗指导原则》和《苯丙胺类药物依赖诊断治疗指导原则》、《氯胺酮依赖诊断治疗指导原则》确定。

第八条　吸毒成瘾人员具有下列情形之一的,公安机关认定其吸毒成瘾严重:

(一)曾经被责令社区戒毒、强制隔离戒毒(含《禁毒法》实施以前被强制戒毒或者劳教戒毒)、社区康复或者参加过戒毒药物维持治疗,再次吸食、注射毒品的;

(二)有证据证明其采取注射方式使用毒品或者至少三次使用累计涉及两类以上毒品的;

(三)有证据证明其使用毒品后伴有聚众淫乱、自伤自残或者暴力侵犯他人人身、财产安全或者妨害公共安全等行为的。

《戒毒条例》(2018年9月18日发布)

第十三条　对吸毒成瘾人员,县级、设区的市级人民政府公安机关可以责令其接受社区戒毒,并出具责令社区戒毒决定书,送达本人及其家属,通知本人户籍所在地或者现居住地乡(镇)人民政府、城市街道办事处。

第二十五条　吸毒成瘾人员有《中华人民共和国禁毒法》第三十八条第一款所列情形之一的,由县级、设区的市级人民政府公安机关作出强制隔离戒毒的决定。

对于吸毒成瘾严重,通过社区戒毒难以戒除毒瘾的人员,县级、设区的市级人民政府公安机关可以直接作出强制隔离戒毒的决定。

吸毒成瘾人员自愿接受强制隔离戒毒的，经强制隔离戒毒场所所在地县级、设区的市级人民政府公安机关同意，可以进入强制隔离戒毒场所戒毒。强制隔离戒毒场所应当与其就戒毒治疗期限、戒毒治疗措施等作出约定。

第二十六条　对依照《中华人民共和国禁毒法》第三十九条第一款规定不适用强制隔离戒毒的吸毒成瘾人员，县级、设区的市级人民政府公安机关应当作出社区戒毒的决定，依照本条例第三章的规定进行社区戒毒。

问题3　行政拘留和社区戒毒的执行有先后顺序吗？

回答：对于已满18周岁的行为人，通常是先执行行政拘留，再执行社区戒毒。行政拘留通常在当地拘留所执行。行政拘留的期限并不能折抵社区戒毒的期限。对于不满16周岁的，或者已满16周岁不满18周岁且初次违反治安管理的，70周岁以上的，怀孕或者哺乳自己不满1周岁婴儿的人员，则不实际执行行政拘留处罚，直接执行社区戒毒。

——法律链接——

《治安管理处罚法》(2012年10月26日发布，2013年1月1日起施行)

第二十一条　违反治安管理行为人有下列情形之一，依照本法应当给予行政拘留处罚的，不执行行政拘留处罚：

(一)已满十四周岁不满十六周岁的；

(二)已满十六周岁不满十八周岁，初次违反治安管理的；

(三)七十周岁以上的；

(四)怀孕或者哺乳自己不满一周岁婴儿的。

第一百零三条　对被决定给予行政拘留处罚的人,由作出决定的公安机关送达拘留所执行。

第一百零四条　受到罚款处罚的人应当自收到处罚决定书之日起十五日内,到指定的银行缴纳罚款。但是,有下列情形之一的,人民警察可以当场收缴罚款:

(一)被处五十元以下罚款,被处罚人对罚款无异议的;

(二)在边远、水上、交通不便地区,公安机关及其人民警察依照本法的规定作出罚款决定后,被处罚人向指定的银行缴纳罚款确有困难,经被处罚人提出的;

(三)被处罚人在当地没有固定住所,不当场收缴事后难以执行的。

《公安部关于执行〈中华人民共和国禁毒法〉有关问题的批复》(2008年12月23日发布)

三、对于同时被决定行政拘留和社区戒毒或者强制隔离戒毒的吸毒成瘾人员,且不属于《中华人民共和国治安管理处罚法》第二十一条规定情形的,应当先执行行政拘留,再执行社区戒毒或者强制隔离戒毒,行政拘留的期限不计入社区戒毒或者强制隔离戒毒的期限。拘留所不具备戒毒治疗条件的,可由公安机关管理的强制隔离戒毒所代为执行行政拘留。

问题4　张三在接受社区戒毒期间还会被转为强制隔离戒毒吗?在哪些情况下社区戒毒会转为强制隔离戒毒?

回答:张三在接受社区戒毒期间,可能被转为强制隔离戒毒。在以下四种情况下,公安机关会将张三从责令接受社区戒毒转为强制隔离戒毒:第一,拒绝接受社区戒毒的;第二,在社区戒毒期间吸食、注射毒品的;第三,严重违反社区戒毒协议的;第四,经社区戒毒、强制隔离戒毒后再次吸食、注射毒品的。其中,“严重违反社区戒毒协议”的情形包括逃避或者拒绝接受检测3次以上的、擅自离开社区戒毒执行地所在县(市、区)3日以上或者累计超过30日的。因此,即使张三在社区戒毒期间没有继续吸食、注射毒品,只要社区禁毒管理部门有证据证明张三严重违反社区禁毒协议,张三就可能会被公安机关决定强制隔离戒毒。

——法律链接——

《禁毒法》(2008年6月1日起施行)

第三十八条　吸毒成瘾人员有下列情形之一的,由县级以上人民政府公安机关作出强制隔离戒毒的决定:

(一)拒绝接受社区戒毒的;

(二)在社区戒毒期间吸食、注射毒品的;

(三)严重违反社区戒毒协议的;

(四)经社区戒毒、强制隔离戒毒后再次吸食、注射毒品的。

对于吸毒成瘾严重,通过社区戒毒难以戒除毒瘾的人员,公安机关可以直接作出强制隔离戒毒的决定。

吸毒成瘾人员自愿接受强制隔离戒毒的,经公安机关同意,可以进入强制隔离戒毒场所戒毒。

《戒毒条例》(2018年9月18日发布)

第十九条　社区戒毒人员应当遵守下列规定:

(一)履行社区戒毒协议;

(二)根据公安机关的要求,定期接受检测;

(三)离开社区戒毒执行地所在县(市、区)3日以上的,须书面报告。

第二十条　社区戒毒人员在社区戒毒期间，逃避或者拒绝接受检测3次以上，擅自离开社区戒毒执行地所在县（市、区）3次以上或者累计超过30日的，属于《中华人民共和国禁毒法》规定的“严重违反社区戒毒协议”。

第二十一条　社区戒毒人员拒绝接受社区戒毒，在社区戒毒期间又吸食、注射毒品，以及严重违反社区戒毒协议的，社区戒毒专职工作人员应当及时向当地公安机关报告。

——资源链接——

案例：海南省海口市中级人民法院二审行政判决书，（2021）琼01行终9号

上诉人林某称：上诉人是否逃避或拒绝接受检测，前提必须签订社区戒毒协议。自被上诉人作出社区戒毒决定后，被上诉人或社区戒毒中心从未要求上诉人签订社区戒毒协议，也从未电话或上门要求上诉人接受检测，上诉人不存在逃避或拒绝接受检测的事实。据此，原审判决认定上诉人违反社区戒毒协议及拒绝接受检测的事实错误。

再审法院认为，上诉人在主动报到后，灵山禁毒办在未与上诉人签订社区戒毒协议的情况下，认为上诉人逃避或者拒绝接受检测，但并未提供证据予以证明。故被上诉人认定上诉人在被责令社区戒毒后“严重违反社区戒毒协议”，从而决定对上诉人强制隔离戒毒两年属主要证据不足，适用法律错误，应予以撤销。

问题5　张三在社区戒毒期间，需要检测多少次？

回答：张三需要检测的次数视年份而定，3年内至少22次，第一年为每月1次，第二年为每2个月1次，第三年为每3个月1次。

——法律链接——

《国家禁毒委员会办公室、中央社会管理综合治理委员会办公室、公安部、卫生部、民政部、司法部、人力资源和社会保障部、全国总工会、共青团中央、全国妇女联合会关于加强社区戒毒社区康复工作的意见》(2013年1月18日发布)

三、建立健全社区戒毒社区康复工作体系

(三)健全管理机构。乡(镇)人民政府、城市街道办事处应当根据工作实际需要,成立社区戒毒社区康复工作领导小组,由乡(镇)人民政府、城市街道办事处分管领导任组长,综治、公安、卫生行政、民政、司法行政、人力资源社会保障等部门负责人为成员,具体负责组织本辖区的社区戒毒社区康复工作。同时,设立社区戒毒社区康复工作办公室,落实办公用房、活动场地等基础设施,为社区戒毒社区康复人员提供心理辅导、职业技能培训、职业指导、社会支持网络重建、社会功能修复、社会融入服务以及就学、就业、就医援助。社区戒毒社区康复专兼职工作人员、社区民警、社区医务人员、社区戒毒社区康复人员的家庭成员以及禁毒志愿者共同组成社区戒毒社区康复工作小组,依照有关法律和程序规定,具体实施社区戒毒社区康复工作。负责女性社区戒毒社区康复人员的工作小组应当有女性工作人员参加。

(四)配备工作人员。乡(镇)人民政府、城市街道办事处应当至少配备1名专职或兼职干部,具体负责社区戒毒社区康复工作。根据工作实际需要,按照辖区每30名实有吸毒人员原则上至少配备1名专职工作人员的比例,配齐社区戒毒社区康复专职工作人员,专门从事社区戒毒社区康复人员管理和服务工作。辖区实有吸毒人员不足30名的,也应当至少配备1名专职工作人员。县级以上人民政府可以通过政府购买服务、提供公益性岗位、落实事业编制等方式,统一招聘社区戒毒社区康复专职人员和专业社会工作者,落实工资报酬、福利待遇和社会保险，加强业务培训，提升专业社会工作服务能力，确保专职人员队伍的稳定性和工作的连续性。工会、共青团、妇联等群众团体应当组织职工、青年禁毒志愿者、巾帼禁毒志愿者积极参与社区戒毒社区康复工作，会同专职工作人员做好禁毒宣传、社会帮教、救助服务等工作，积极向戒毒康复人员献爱心，帮助他们远离毒品、融入社会。

（五）落实保障政策。县级以上人民政府应当依照有关法律规定，将社区戒毒社区康复工作经费纳入本级财政预算，满足人员招聘、日常办公、吸毒检测等工作实际需要。按照完善和创新特殊人群管理服务的要求：结合本地实际，制定戒毒康复、职业技能培训、就业安置、社会保障等方面优惠政策，对参加戒毒药物维持治疗生活困难人员、自主创业戒毒康复人员以及参与戒毒康复工作的企业给予相关政策和经费支持，为深入开展社区戒毒社区康复工作提供有力保障。

四、切实落实社区戒毒社区康复工作措施

（六）依法作出决定。县级以上公安机关应当依照《禁毒法》、《戒毒条例》和《吸毒成瘾认定办法》的相关规定，依法责令吸毒成瘾人员接受社区戒毒，防止出现以罚代戒、降格处理等现象。强制隔离戒毒决定机关可以参照强制隔离戒毒诊断评估结果作出责令社区康复的决定；对被责令强制隔离戒毒 2 次以上的解除强制隔离戒毒人员，原则上应当责令其接受社区康复。

（七）落实衔接措施。公安机关作出社区戒毒（社区康复）决定后，应当在 7 个工作日内通知负责执行社区戒毒（社区康复）的乡（镇）人民政府、城市街道办事处，移交档案等有关材料，并将决定书送达本人及其家属。在接到公安机关通知后，乡（镇）人民政府、城市街道办事处应当做好准备工作，切实落实必送必接措施，实现有效衔接，防止脱管失控。社区戒毒社区康复人员应当在户籍所在地接受社区戒毒社区康复，在户籍所在地以外的现居住地有固定住所的，可以在现居住地接受社区戒毒社区康复。社区戒毒社区康复期间，被责令人户籍所在地、现居住地发生变动、需要变更社区戒毒社区康复执行地的，应当按照《戒毒条例》有关规定及时变更执行地，并做好管理移交和材料转送。社区戒毒社区康复人员自愿申请，并与戒毒康复场所签订协议，可以到戒毒康复场所执行，原执行地乡（镇）人民政府、城市街道办事处应当与戒毒康复场所共同做好入所出所衔接和日常管理工作。

（八）及时签订协议。社区戒毒社区康复人员报到后，社区戒毒社区康复工作小组应当及时与社区戒毒社区康复人员签订《社区戒毒（社区康复）协议》（以下简称协议）。协议由省级禁毒委员会办公室根据本地实际统一制定，内容应包括本地社区戒毒社区康复工作的主要措施，执行单位职责和义务，社区戒毒社区康复人员权利和义务，双方不履行协议应当承担的法律责任等。被责令人员在社区戒毒社区康复期间应当严格遵守协议，对拒绝接受社区戒毒社区康复、严重违反协议的，应当严格依据法律有关规定进行处理。

（九）加强监督管理。社区戒毒社区康复工作小组应当根据社区戒毒社区康复人员的染毒程度、经历、个人特点、生活和家庭环境等情况，探索建立分类管理机制，有的放矢地采取管理措施。建立帮教制度，定期与社区戒毒社区康复人员及其家属进行谈心，掌握现实表现，督促履行协议。公安机关应当按照定期不定时的原则，认真做好社区戒毒社区康复人员的吸毒检测工作，社区戒毒社区康复工作人员应当给予协助。对社区戒毒人员的检测为 3 年内至少 22 次，第一年为每月 1 次，第二年为每 2 个月 1 次，第三年为每 3 个月 1 次；对社区康复人员的检测为 3 年内至少 12 次，第一年为每 2 个月 1 次，第二年为每 3 个月 1 次，第三年为每 6 个月 1 次。对拒绝接受社区戒毒社区康复或执行期间脱失人员,社区戒毒社区康复工作小组应当组织查找;禁毒委员会办公室应当适时组织清理排查;公安机关应当利用信息化手段进行网上布控,及时查找下落,依照法律规定进行处理。

问题6　张三在社区戒毒期间违反了社区戒毒协议,然后被强制隔离戒毒。强制隔离戒毒期间,张三之前签订的社区戒毒协议还要继续执行吗?

回答:如果张三在社区戒毒期间"严重违反社区戒毒协议",然后被决定强制隔离戒毒,张三之前签订的社区戒毒协议不再执行。

——法律链接——

《禁毒法》(2008年6月1日起施行)

第三十八条第一款　吸毒成瘾人员有下列情形之一的,由县级以上人民政府公安机关作出强制隔离戒毒的决定:

(一)拒绝接受社区戒毒的;

(二)在社区戒毒期间吸食、注射毒品的;

(三)严重违反社区戒毒协议的;

(四)经社区戒毒、强制隔离戒毒后再次吸食、注射毒品的。

问题7　张三在社区戒毒期间,假如要去外地工作,怎么办理申请手续?

回答:申请变更执行地。张三户籍地、居住地发生变化的,可以先向原执行地公安机关提出书面申请并提供户籍地、居住地发生变化的证明材料。原执行地公安机关在6个工作日内作出决定,同意变更社区戒毒执行地的,制作《变更社区戒毒社区康复执行地通知书》,通知张三15日内到新执行地报到;不予批准的,会向张三书面说明理由。被批准后,张三应当自执行地变更之日起15日内前往变更后的乡(镇)人民政府、城市街道办事处报到,社区戒毒时间自报到之日起连续计算,即变更后到报道前的时间段不属于执行期,需要在原决定日期上增加该天数才为戒毒期期满。并在报到时与变更后的乡(镇)人民政府、城市街道办事处签订新的社区戒毒协议,继续执行社区戒毒。

——法律链接——

《国家禁毒委员会办公室、公安部、民政部、司法部关于进一步加强和规范社区戒毒社区康复执行工作的通知》(禁毒办通〔2018〕15号,2018年1月31日发布)

四、进一步规范社区戒毒社区康复人员异地管控工作。……社区戒毒社区康复执行期间,因户籍地、居住地发生变化需要变更执行地点的,社区戒毒社区康复人员应当向原执行地公安机关提出书面申请,同时提供户籍地、居住地变更情况证明材料。原执行地公安机关在收到书面申请3个工作日内通知原执行地社区戒毒社区康复工作机构,社区戒毒社区康复工作机构在接到公安机关通知3个工作日内填写《变更社区戒毒社区康复执行地审批表》提交原执行地公安机关,公安机关应当在接到审批表后3日内进行审批并出具书面意见。同意变更社区戒毒社区康复执行地的,制作《变更社区戒毒社区康复执行地通知书》,通知社区戒毒社区康复人员15日内到新执行地报到;不予批准的,应当向社区戒毒社区康复人员书面说明理由。原执行地社区戒毒社区康复工作机构根据公安机关审批情况出具《关于变更社区戒毒社区康复执行地的函》,并于7日内完成社区戒毒社区康复人员档案移交。

《戒毒条例》(2018年9月18日发布)

第二十二条　社区戒毒人员的户籍所在地或者现居住地发生变化,需要变更社区戒毒执行地的,社区戒毒执行地乡(镇)人民政府、城市街道办事处应当将有关材料转送至变更后的乡(镇)人民政府、城市街道办事处。

社区戒毒人员应当自社区戒毒执行地变更之日起15日内前往变更后的乡(镇)人民政府、城市街道办事处报到,社区戒毒时间自报到之日起连续计算。

变更后的乡(镇)人民政府、城市街道办事处,应当按照本条例第十六条的规定,与社区戒毒人员签订新的社区戒毒协议,继续执行社区戒毒。

——资源链接——

案例:河南省周口市中级人民法院二审行政判决书,
(2020)豫16行终49号

上诉人鹿邑县公安局称:被上诉人郭某存在严重违反社区戒毒协议的事实。公安机关提供的证据能够证明郭某在社区戒毒期间外出到郑州工作,请假到期后没有按照规定向社区戒毒负责机关书面请假的事实。虽然郭某在规定的时间内接受了公安机关的检测,但是其外出没有提出书面请假已经累计超出30天,属于严重违反社区戒毒协议。公安机关以此对郭某作出强制隔离戒毒决定,认定事实不存在错误。二审法院驳回上诉,维持原判。

问题8　吸毒人员家属能否申请参加社区戒毒?

回答:吸毒人员家属可以参与社区戒毒工作,与其他人员共同组成社区戒毒工作小组,采取措施帮助戒毒人员戒除毒瘾。

法 律 链 接

《戒毒条例》(2018年9月18日发布)

第十三条　对吸毒成瘾人员,县级、设区的市级人民政府公安机关可以责令其接受社区戒毒,并出具责令社区戒毒决定书,送达本人及其家属,通知本人户籍所在地或者现居住地乡(镇)人民政府、城市街道办事处。

第十七条　社区戒毒专职工作人员、社区民警、社区医务人员、社区戒毒人员的家庭成员以及禁毒志愿者共同组成社区戒毒工作小组具体实施社区戒毒。

第十八条　乡(镇)人民政府、城市街道办事处和社区戒毒工作小组应当采取下列措施管理、帮助社区戒毒人员:

(一)戒毒知识辅导;

(二)教育、劝诫;

(三)职业技能培训,职业指导,就学、就业、就医援助;

(四)帮助戒毒人员戒除毒瘾的其他措施。

话题二十一　强制隔离戒毒期间的维权

问题1　张三被决定强制隔离戒毒，后因身体原因未实际执行，由强制隔离戒毒转为社区戒毒。如果张三在社区戒毒期间受到人身伤害，他能向侵权人主张赔偿误工费吗？

回答：如果张三因治疗所受伤害而耽误工作导致收入减少，他可以委托亲友向侵权人主张赔偿误工费。反之，如果收入并未因此减少，则不能申请赔偿误工费。如果亲友与侵权人就误工费不能协商一致，张三可以委托诉讼代理人提起民事诉讼。

误工费是指因事故损伤治疗休养期间实际减少的收入。根据相关法律的规定，侵害他人造成人身损害的，侵权人应当赔偿被害人“因误工减少的收入”。法律并未对受害人申请误工费赔偿作出限制性规定，只要受害人遭受侵害，客观上因侵害的发生导致误工而致其收入实际减少，受害人均有权要求侵权人赔偿误工损失。误工费的赔偿数额按照误工收入（天/月/年）乘以误工时间（天/月/年）计算。

—— 法律链接 ——

《民法典》（2021年1月1日起施行）

第一千一百七十九条　侵害他人造成人身损害的，应当赔偿医疗费、护理费、交通费、营养费、住院伙食补助费等为治疗和康复支出的合理费用，以及因误工减少的收入。造成残疾的，还应当赔偿辅助器具费和残疾赔偿金；造成死亡的，还应当赔偿丧葬费和死亡赔偿金。

《最高人民法院关于审理人身损害赔偿案件适用法律若干问题的解释》(2022年4月24日发布，2022年5月1日起施行)

第七条　误工费根据受害人的误工时间和收入状况确定。

误工时间根据受害人接受治疗的医疗机构出具的证明确定。受害人因伤致残持续误工的，误工时间可以计算至定残日前一天。

受害人有固定收入的，误工费按照实际减少的收入计算。受害人无固定收入的，按照其最近三年的平均收入计算；受害人不能举证证明其最近三年的平均收入状况的，可以参照受诉法院所在地相同或者相近行业上一年度职工的平均工资计算。

问题2　张三强制隔离戒毒前打了一场民事官司，现在法院判决张三败诉，但张三对判决结果很不服气，现在该案还在上诉期内，张三能否委托家人提起上诉？

回答：张三在强制隔离戒毒期间，可以委托近亲属作为诉讼代理人上诉。但法律对近亲属的范围有限制，只有张三的配偶、直系血亲、三代以内旁系血亲、近姻亲以及其他有抚养、赡养关系的亲属才可以作为诉讼代理人。

委托近亲属代为诉讼，必须向法院提交由委托人签名或者盖章的授权委托书。授权委托书必须记明委托事项和权限。诉讼代理人代为承认、放弃、变更诉讼请求，进行和解，提起反诉或者上诉，必须在委托书上载明。当然，张三也可以委托律师提起上诉。

——法律链接——

《民事诉讼法》(2021 年 12 月 24 日发布,2022 年 1 月 1 日起施行)

第六十一条　当事人、法定代理人可以委托一至二人作为诉讼代理人。

下列人员可以被委托为诉讼代理人:

(一)律师、基层法律服务工作者;

(二)当事人的近亲属或者工作人员;

(三)当事人所在社区、单位以及有关社会团体推荐的公民。

第六十二条第一、二款　委托他人代为诉讼,必须向人民法院提交由委托人签名或者盖章的授权委托书。

授权委托书必须记明委托事项和权限。诉讼代理人代为承认、放弃、变更诉讼请求,进行和解,提起反诉或者上诉,必须有委托人的特别授权。

第六十五条　离婚案件有诉讼代理人的,本人除不能表达意思的以外,仍应出庭;确因特殊情况无法出庭的,必须向人民法院提交书面意见。

《最高人民法院关于适用〈中华人民共和国民事诉讼法〉的解释》(2022 年 4 月 1 日发布,2022 年 4 月 10 日起施行)

第八十四条　无民事行为能力人、限制民事行为能力人以及其他依法不能作为诉讼代理人的,当事人不得委托其作为诉讼代理人。

第八十五条　根据民事诉讼法第六十一条第二款第二项规定,与当事人有夫妻、直系血亲、三代以内旁系血亲、近姻亲关系以及其他有抚养、赡养关系的亲属,可以当事人近亲属的名义作为诉讼代理人。

第八十七条　根据民事诉讼法第六十一条第二款第三项规定,有

关社会团体推荐公民担任诉讼代理人的,应当符合下列条件:

(一)社会团体属于依法登记设立或者依法免予登记设立的非营利性法人组织;

(二)被代理人属于该社会团体的成员,或者当事人一方住所地位于该社会团体的活动地域;

(三)代理事务属于该社会团体章程载明的业务范围;

(四)被推荐的公民是该社会团体的负责人或者与该社会团体有合法劳动人事关系的工作人员。

专利代理人经中华全国专利代理人协会推荐,可以在专利纠纷案件中担任诉讼代理人。

第八十八条　诉讼代理人除根据民事诉讼法第六十二条规定提交授权委托书外,还应当按照下列规定向人民法院提交相关材料:

(一)律师应当提交律师执业证、律师事务所证明材料;

(二)基层法律服务工作者应当提交法律服务工作者执业证、基层法律服务所出具的介绍信以及当事人一方位于本辖区内的证明材料;

(三)当事人的近亲属应当提交身份证件和与委托人有近亲属关系的证明材料;

(四)当事人的工作人员应当提交身份证件和与当事人有合法劳动人事关系的证明材料;

(五)当事人所在社区、单位推荐的公民应当提交身份证件、推荐材料和当事人属于该社区、单位的证明材料;

(六)有关社会团体推荐的公民应当提交身份证件和符合本解释第八十七条规定条件的证明材料。

第八十九条　当事人向人民法院提交的授权委托书,应当在开庭审理前送交人民法院。授权委托书仅写“全权代理”而无具体授权的，诉讼代理人无权代为承认、放弃、变更诉讼请求，进行和解，提出反诉或者提起上诉。

适用简易程序审理的案件，双方当事人同时到庭并径行开庭审理的，可以当场口头委托诉讼代理人，由人民法院记入笔录。

问题3 张三因被强制隔离戒毒，没有收到起诉状、开庭传票等法律文书，从而没能出庭应诉，法院能在他缺席的情况下审理案件吗？

回答：法院不能在张三缺席的情况下审理案件。民事诉讼中，法院可以在被告人“经传票传唤，无正当理由拒不到庭的，或者未经法庭许可中途退庭的”法定情形下缺席判决。应诉答辩、质证是被告的诉讼权利。在法律文书未有效送达被告人，即被告人没有放弃其辩论权利的情况下缺席审判，没有保障当事人行使诉讼权利，违反我国法律对程序公正的要求。因此，当被告人因被强制隔离戒毒而没有收到法律文书并出庭应诉的情况下，法院不能缺席判决。

——法律链接——

《民事诉讼法》(2021 年 12 月 24 日发布，2022 年 1 月 1 日起施行)

第八条　民事诉讼当事人有平等的诉讼权利。人民法院审理民事案件，应当保障和便利当事人行使诉讼权利，对当事人在适用法律上一律平等。

第一百四十七条　被告经传票传唤，无正当理由拒不到庭的，或者未经法庭许可中途退庭的，可以缺席判决。

——资源链接——

辽宁省丹东市中级人民法院二审民事裁定书，(2020)辽06民终447号

上诉人卢某不服一审法院在其于戒毒所强制隔离戒毒期间作出的缺席判决而上诉至辽宁省丹东市中级人民法院。辽宁省丹东市中级人民法院认为，卢某在该案诉讼期间于丹东市戒毒所强制隔离戒毒，被限制人身自由，故在该期间无法收到起诉状、开庭传票等法律文书，亦无法出庭应诉，该案不属于当事人经合法传唤，无正当理由拒不出庭应诉的情形，亦不能视为卢某放弃了答辩和质证的权利。故一审法院缺席审理并作出判决属剥夺了卢某的辩论权利，违反了法定程序。法院裁定撤销原判决，发回重审。

问题4　张三在强制隔离戒毒期间，能否会见律师？

回答：强制隔离戒毒期间，律师可以与张三见面。不过在新型冠状病毒肺炎疫情常态化管控期间，戒毒所、监狱等监管机构都实行封闭管理，会见律师的规定需要咨询戒毒所。

——法律链接——

《刑事诉讼法》(2018年10月26日发布)

第三十九条第一款　辩护律师可以同在押的犯罪嫌疑人、被告人会见和通信。其他辩护人经人民法院、人民检察院许可，也可以同在押的犯罪嫌疑人、被告人会见和通信。

《公安机关强制隔离戒毒所管理办法》(2011年9月28日起施行)

第二十六条　律师会见戒毒人员应当持律师执业证、律师事务所介绍信和委托书，在强制隔离戒毒所内指定地点进行。

《司法行政机关强制隔离戒毒工作规定》(2013 年 6 月 1 日起施行)

第二十一条　经强制隔离戒毒所批准,戒毒人员可以使用指定的固定电话与其亲属、监护人或者所在单位、就读学校有关人员通话。

戒毒人员在所内不得持有、使用移动通讯设备。

第二十二条　戒毒人员的亲属和所在单位或者就读学校的工作人员,可以按照强制隔离戒毒所探访规定探访戒毒人员。

强制隔离戒毒所应当检查探访人员身份证件,对身份不明或者无法核实的不允许探访。

对正被采取保护性约束措施或者正处于单独管理期间的戒毒人员,不予安排探访。

第二十三条　探访应当在探访室进行。探访人员应当遵守探访规定;探访人员违反规定经劝阻无效的,可以终止其探访。

探访人员交给戒毒人员物品须经批准,并由人民警察当面检查;交给戒毒人员现金的,应当存入戒毒人员所内个人账户;发现探访人员利用探访传递毒品的,应当移交公安机关依法处理;发现探访人员利用探访传递其他违禁品的,应当依照有关规定处理。

问题5　张三在强制隔离戒毒所内是否可以申请法律援助?应当如何申请?申请到法律援助后可以享有什么权利?需要履行什么义务?

回答:张三可以通过强制戒毒所转交申请或者委托家属申请法律援助。申请法律援助应当如实提交以下申请材料:(1)法律援助申请表;(2)身份证或者其他有效的身份证明,申请代理人还应当提交有代理权的证明;(3)法律援助申请人经济状况证明表;(经济状况证明表应当由法律援助地方性法规、规章规定的有权出具经济困难证明的机关、单位加盖公章。无相关规定的，由申请人住所地或者经常居住地的村民委员会、居民委员会或者所在单位加盖公章。）（4）与所申请法律援助事项有关的案件材料。

张三申请到法律援助后可以享有的权利包括以下三方面：第一，可以了解为其提供法律援助活动的进展情况；第二，有事实证明法律援助承办人员未适当履行职责的，可以要求更换承办人；第三，可以申请有利害冲突的法律援助审批人员回避。

张三申请到法律援助后需要履行的义务包括以下三方面：第一，如实提供能维护自己合法权益的相关材料及足以证明经济困难，确需减、免收法律服务费用的证明材料；第二，与法律援助人员进行必要的合作；第三，法律援助案件的费用由国家补贴给法援中心，当事人一般需要自行承担案件的诉讼费。

——法律链接——

《法律援助法》（2022年1月1日起施行）

第二条　本法所称法律援助，是国家建立的为经济困难公民和符合法定条件的其他当事人无偿提供法律咨询、代理、刑事辩护等法律服务的制度，是公共法律服务体系的组成部分。

第十二条　县级以上人民政府司法行政部门应当设立法律援助机构。法律援助机构负责组织实施法律援助工作，受理、审查法律援助申请，指派律师、基层法律服务工作者、法律援助志愿者等法律援助人员提供法律援助，支付法律援助补贴。

第二十二条　法律援助机构可以组织法律援助人员依法提供下列形式的法律援助服务：

（一）法律咨询；

（二）代拟法律文书；

（三）刑事辩护与代理；

（四）民事案件、行政案件、国家赔偿案件的诉讼代理及非诉讼代理；

（五）值班律师法律帮助；

（六）劳动争议调解与仲裁代理；

（七）法律、法规、规章规定的其他形式。

第三十一条　下列事项的当事人，因经济困难没有委托代理人的，可以向法律援助机构申请法律援助：

（一）依法请求国家赔偿；

（二）请求给予社会保险待遇或者社会救助；

（三）请求发给抚恤金；

（四）请求给付赡养费、抚养费、扶养费；

（五）请求确认劳动关系或者支付劳动报酬；

（六）请求认定公民无民事行为能力或者限制民事行为能力；

（七）请求工伤事故、交通事故、食品药品安全事故、医疗事故人身损害赔偿；

（八）请求环境污染、生态破坏损害赔偿；

（九）法律、法规、规章规定的其他情形。

第三十二条　有下列情形之一，当事人申请法律援助的，不受经济困难条件的限制：

（一）英雄烈士近亲属为维护英雄烈士的人格权益；

（二）因见义勇为行为主张相关民事权益；

（三）再审改判无罪请求国家赔偿；

（四）遭受虐待、遗弃或者家庭暴力的受害人主张相关权益；

（五）法律、法规、规章规定的其他情形。

第三十九条　被羁押的犯罪嫌疑人、被告人、服刑人员，以及强制隔离戒毒人员等提出法律援助申请的，办案机关、监管场所应当在二十四小时内将申请转交法律援助机构。

犯罪嫌疑人、被告人通过值班律师提出代理、刑事辩护等法律援助申请的，值班律师应当在二十四小时内将申请转交法律援助机构。

第四十一条　因经济困难申请法律援助的，申请人应当如实说明经济困难状况。

法律援助机构核查申请人的经济困难状况，可以通过信息共享查询，或者由申请人进行个人诚信承诺。

法律援助机构开展核查工作，有关部门、单位、村民委员会、居民委员会和个人应当予以配合。

第四十二条　法律援助申请人有材料证明属于下列人员之一的，免予核查经济困难状况：

（一）无固定生活来源的未成年人、老年人、残疾人等特定群体；

（二）社会救助、司法救助或者优抚对象；

（三）申请支付劳动报酬或者请求工伤事故人身损害赔偿的进城务工人员；

（四）法律、法规、规章规定的其他人员。

问题6　张三和李四一起吸毒时被民警当场抓获，张三还在社区戒毒期间，李四则是第一次吸食毒品。两人毛发的检测结果显示，毛发中均含有甲基苯丙胺、苯丙胺成分。那么两人都会被认定为吸毒成瘾吗？

回答：张三会被认定为吸毒成瘾，李四不会被认定为吸毒成瘾。

证据显示，张三同时具备体内含有毒品成分、有使用毒品行为和吸毒史三种情形，所以会被认定为“吸毒成瘾”。张三在社区戒毒期间再次吸食毒品，还会被认定为“吸毒严重成瘾”。吸毒成瘾人员只要有以下三种情形之一就会被认定为“吸毒严重成瘾”：曾被责令社区戒毒、强制隔离戒毒、社区康复或者参加过戒毒药物维持治疗又再次吸食、注射毒品；采取注射方式使用毒品或者多次使用两类以上毒品；使用毒品后有聚众淫乱、自伤自残或者暴力侵犯他人人身、财产安全等行为。

李四是第一次吸毒，且没有证据证明其对阿片类药物或苯丙胺类药物有戒断症状，所以不会被认定为吸毒成瘾。

—— 法律链接 ——

《吸毒成瘾认定办法》(2016年12月29日发布，2017年4月1日起施行)

第七条　吸毒人员同时具备以下情形的，公安机关认定其吸毒成瘾：

(一)经血液、尿液和唾液等人体生物样本检测证明其体内含有毒品成分；

(二)有证据证明其有使用毒品行为；

(三)有戒断症状或者有证据证明吸毒史，包括曾经因使用毒品被公安机关查处、曾经进行自愿戒毒、人体毛发样品检测出毒品成分等情形。

戒断症状的具体情形，参照卫生部制定的《阿片类药物依赖诊断治疗指导原则》和《苯丙胺类药物依赖诊断治疗指导原则》、《氯胺酮依赖诊断治疗指导原则》确定。

第八条　吸毒成瘾人员具有下列情形之一的，公安机关认定其吸毒成瘾严重：

(一)曾经被责令社区戒毒、强制隔离戒毒(含《禁毒法》实施以前被强制戒毒或者劳教戒毒)、社区康复或者参加过戒毒药物维持治

疗,再次吸食、注射毒品的;

(二)有证据证明其采取注射方式使用毒品或者至少三次使用累计涉及两类以上毒品的;

(三)有证据证明其使用毒品后伴有聚众淫乱、自伤自残或者暴力侵犯他人人身、财产安全或者妨害公共安全等行为的。

——资源链接——

案例:河南省高级人民法院行政裁定书,(2021)豫行申293号

办案人员在抓获吸食毒品的马某当日就告知马某提取其毛发进行检测,并制作了提取告知笔录。该笔录显示提取毛发过程全程录音录像,以及提取毛发的保存方式,马某亦在该笔录中签名捺印。马某申请再审对提取制作毛发样本的程序及吸毒认定人员的身份提出异议。

二审法院认为,虽然某县公安局未将毛发样本提取信息表及相应的录音录像资料入卷,在一审庭审后才向法庭提交吸毒认定人员身份证明等证据材料,系存在程序瑕疵,但某县公安局的程序瑕疵未对马某的权利义务产生实际影响,不足以产生案涉强制隔离戒毒决定被撤销的法律后果。某县公安局经案件受理、调查取证,告知陈述申辩权利、审批、送达等程序,根据马某本人供述、鉴定意见书、社区戒毒决定书、吸毒成瘾严重认定书等证据,认定马某经社区戒毒后再次吸毒的事实,作出被诉强制隔离戒毒决定,认定事实清楚,适用法律正确。最终二审法院判决维持一审行政判决。

问题7　张三只要吸毒被抓就会被公安机关决定强制隔离戒毒吗?如果被强制隔离戒毒,张三的家人会知道张三被强制隔离戒毒的消息吗?

回答:吸毒被抓不一定会被强制隔离戒毒,只有张三被认定为

吸毒成瘾才可能被强制隔离戒毒。被认定为吸毒成瘾人员并具有以下四种情形之一会被公安机关决定强制隔离戒毒：(1)拒绝接受社区戒毒的；(2)在社区戒毒期间吸食、注射毒品的；(3)严重违反社区戒毒协议的；(4)经社区戒毒、强制隔离戒毒后再次吸食、注射毒品的。

张三的家人会知道张三的情况。公安机关在决定对张三进行强制隔离戒毒后24小时以内会通知张三的家属。

—— 法律链接 ——

《禁毒法》(2008年6月1日起施行)

第三十八条　吸毒成瘾人员有下列情形之一的，由县级以上人民政府公安机关作出强制隔离戒毒的决定：

(一)拒绝接受社区戒毒的；

(二)在社区戒毒期间吸食、注射毒品的；

(三)严重违反社区戒毒协议的；

(四)经社区戒毒、强制隔离戒毒后再次吸食、注射毒品的。

对于吸毒成瘾严重，通过社区戒毒难以戒除毒瘾的人员，公安机关可以直接作出强制隔离戒毒的决定。

吸毒成瘾人员自愿接受强制隔离戒毒的，经公安机关同意，可以进入强制隔离戒毒场所戒毒。

第四十条　公安机关对吸毒成瘾人员决定予以强制隔离戒毒的，应当制作强制隔离戒毒决定书，在执行强制隔离戒毒前送达被决定人，并在送达后二十四小时以内通知被决定人的家属、所在单位和户籍所在地公安派出所；被决定人不讲真实姓名、住址，身份不明的，公安机关应当自查清其身份后通知。

被决定人对公安机关作出的强制隔离戒毒决定不服的，可以依法申请行政复议或者提起行政诉讼。

——资源链接——

案例：四川省广安市中级人民法院行政判决书，(2020)川16行终143号

上诉人陈某认为被上诉人送达程序违法。被上诉人收到的司法鉴定意见书送达给上诉人的时间超出法律规定的24小时，程序违法。依据《禁毒法》第40条的规定，上诉人的身份是在本案受案以前已经查清的，被上诉人应该在将强制隔离戒毒决定书送达上诉人后24小时内送达上诉人的家属。被上诉人将强制隔离戒毒决定书送达上诉人家属的时间存在不一致：现场送达回执上标明的时间和回执实际签收日不一致，严重违反了法律规定的送达时限。

二审法院认为，被上诉人作出的强制隔离戒毒决定认定事实清楚、适用法律正确，虽然程序轻微违法，但对上诉人的权利不产生实际影响，驳回上诉，维持原判。

问题8　张三作为一名戒毒人员，如果对公安机关作出的强制隔离戒毒决定不服怎么办？

回答：张三可以申请行政复议或者提起行政诉讼。第一，申请行政复议。张三对公安机关作出的强制隔离戒毒决定不服的，可以自知道决定之日起60日内向复议机关提出行政复议申请。申请复议的机关是作出决定公安机关的上一级公安机关，以武昌区派出所作出强制隔离戒毒决定为例，则复议机关为武汉市公安局。如果确实有不可抗力或者其他正当理由耽误法定申请期限的，可以向复议机关说明，因不可抗力或者其他正当理由耽误的时间不计算在60日内。

申请人申请行政复议,可以书面申请,也可以口头申请。口头申请的,由复议机关进行书面记录。书面申请要撰写申请书,需要注意以下四个方面:(1)申请人应当是被决定强制隔离戒毒者本人,需要写明其姓名、性别、年龄、职业、住址等;(2)需要写明被申请人(作出强制隔离戒毒决定的公安机关)的名称和地址;(3)申请行政复议的理由和要求,即申请人认为强制隔离戒毒决定不合法的理由,以及希望的处理结果;(4)在申请末尾签名,并写明提出复议申请的日期。

第二,提起行政诉讼。张三如果对上级公安机关的复议决定不服,可在收到复议决定书之日起 15 日内向人民法院提起诉讼。

另外,被决定人对公安机关作出的强制隔离戒毒决定不服的,也可以不申请行政复议,直接在处罚决定之日起 3 个月内向人民法院提起行政诉讼。

—— 法律链接 ——

《禁毒法》(2008 年 6 月 1 日起施行)

第四十条第二款　被决定人对公安机关作出的强制隔离戒毒决定不服的,可以依法申请行政复议或者提起行政诉讼。

《行政诉讼法》(2017 年 6 月 27 日发布,2017 年 7 月 1 日起施行)

第四十四条　对属于人民法院受案范围的行政案件,公民、法人或者其他组织可以先向行政机关申请复议,对复议决定不服的,再向人民法院提起诉讼;也可以直接向人民法院提起诉讼。

法律、法规规定应当先向行政机关申请复议,对复议决定不服再向人民法院提起诉讼的,依照法律、法规的规定。

第四十五条　公民、法人或者其他组织不服复议决定的,可以在收到复议决定书之日起十五日内向人民法院提起诉讼。复议机关逾期不作决定的,申请人可以在复议期满之日起十五日内向人民法院提起诉讼。法律另有规定的除外。

第四十六条　公民、法人或者其他组织直接向人民法院提起诉讼的,应当自知道或者应当知道作出行政行为之日起六个月内提出。法律另有规定的除外。

因不动产提起诉讼的案件自行政行为作出之日起超过二十年,其他案件自行政行为作出之日起超过五年提起诉讼的,人民法院不予受理。

问题9　如果张三对强制隔离戒毒决定申请行政复议,强制隔离戒毒决定会停止执行吗?

回答:行政复议期间强制隔离戒毒决定一般不停止执行,只有符合法定情形,才会停止执行。

——法律链接——

《行政复议法》(2017年9月1日发布,2018年1月1日起施行)

第二十一条　行政复议期间具体行政行为不停止执行;但是,有下列情形之一的,可以停止执行:

(一)被申请人认为需要停止执行的;

(二)行政复议机关认为需要停止执行的;

(三)申请人申请停止执行,行政复议机关认为其要求合理,决定停止执行的;

(四)法律规定停止执行的。

问题10 **张三和李四怀孕前都喜欢去KTV唱歌并吸食冰毒，两人分别在2016年1月和2020年10月因吸毒被行政拘留15日、社区戒毒3年。2021年3月20日，张三意外流产，李四为安抚张三，便约她去朋友新开的KTV唱歌，还带去了冰毒。两人在KTV包房里吸食冰毒时，被巡逻的民警当场抓获。之后，张三被认定为“吸毒成瘾”，李四被认定为“吸毒严重成瘾”。请问张三和李四都要被强制隔离戒毒吗？**

回答：张三需要被强制隔离戒毒，李四不能被强制隔离戒毒。

张三属于“吸毒成瘾”，她已成年，并且“流产”不属于“怀孕或者正在哺乳自己不满一周岁婴儿”这两种不适用强制隔离戒毒的情形，所以可以被强制隔离戒毒。

李四虽然在社区戒毒期间吸食毒品，属于“吸毒严重成瘾”，但她是孕妇，“怀孕”属于不适用强制隔离戒毒的情形，所以不会被强制隔离戒毒，而是会被责令接受社区戒毒。

——法律链接——

《禁毒法》(2008年6月1日起施行)

第三十九条　怀孕或者正在哺乳自己不满一周岁婴儿的妇女吸毒成瘾的，不适用强制隔离戒毒。不满十六周岁的未成年人吸毒成瘾的，可以不适用强制隔离戒毒。

对依照前款规定不适用强制隔离戒毒的吸毒成瘾人员，依照本法规定进行社区戒毒，由负责社区戒毒工作的城市街道办事处、乡镇人民政府加强帮助、教育和监督，督促落实社区戒毒措施。

问题 11　**张三如果在强制隔离戒毒期间生病，能不能外出看病？如果在张三强制隔离戒毒期间，家人重病能不能外出探视？**

回答：张三如果在强制隔离戒毒期间生病，可以申请所外就医。离所就医的基本程序是：经由戒毒所医务部门提出，该疾病须到指定医院就诊，由戒毒所审批后，可以离所就诊。法律规定医疗费用由戒毒人员本人承担，不过也有地方财政承担的。例如，目前武汉市各强制隔离戒毒所都承担戒毒人员的所外就医费用。其他地区的政策，则需进一步向当地戒毒所咨询。

家人重病的，戒毒人员经过严格审批，可以出所探视亲属。第一，探视的对象只能是戒毒人员的父母、配偶、子女等直系亲属，且仅限于直系亲属病危、死亡或有其他特殊情况，确需本人亲自处理。第二，戒毒人员本人还需满足“处于戒毒流程康复期或巩固期阶段”和“长期住地在本区范围内”两个条件。戒毒人员申请外出探视需经过以下程序：首先，戒毒人员本人或其直系亲属、相关单位提出书面申请，并提供相应证明材料，证明材料分为两类，因直系亲属病危或死亡的申请外出探视的，必须提供县级以上医院出具的病危通知书或死亡证明、当地公安机关出具的探视人与被探视人有直系亲属关系的证明。因其他特殊情况申请外出探视的，必须提供具体书面说明材料。其次，强制隔离戒毒所大队民警集体研究，填写强戒人员探视审批表。再次，强制隔离戒毒所管理科审核。最后，强制隔离戒毒所审批。

——法律链接——

《戒毒条例》(2018 年 9 月 18 日发布)

第三十一条　强制隔离戒毒人员患严重疾病，不出所治疗可能危及生命的,经强制隔离戒毒场所主管机关批准,并报强制隔离戒毒决定机关备案,强制隔离戒毒场所可以允许其所外就医。所外就医的费用由强制隔离戒毒人员本人承担。

所外就医期间,强制隔离戒毒期限连续计算。对于健康状况不再适宜回所执行强制隔离戒毒的,强制隔离戒毒场所应当向强制隔离戒毒决定机关提出变更为社区戒毒的建议,强制隔离戒毒决定机关应当自收到建议之日起7日内,作出是否批准的决定。经批准变更为社区戒毒的,已执行的强制隔离戒毒期限折抵社区戒毒期限。

《禁毒法》(2008年6月1日起施行)

第四十六条　戒毒人员的亲属和所在单位或者就读学校的工作人员,可以按照有关规定探访戒毒人员。戒毒人员经强制隔离戒毒场所批准,可以外出探视配偶、直系亲属。

强制隔离戒毒场所管理人员应当对强制隔离戒毒场所以外的人员交给戒毒人员的物品和邮件进行检查,防止夹带毒品。在检查邮件时,应当依法保护戒毒人员的通信自由和通信秘密。

问题12　张三因身体原因不适合强制隔离戒毒,在2020年7月8日结束强制隔离戒毒,张三还需要执行其他戒毒措施吗?

回答:通常情况下,公安机关会将对张三的强制隔离戒毒变更为责令社区戒毒,强制隔离戒毒期限折抵社区戒毒期限。如果张三的强制隔离戒毒期满,则属于解除强制隔离戒毒,可以再责令其接受为期3年的社区康复。如果被责令接受社区戒毒或者社区康复,张三需严格遵循社区戒毒协议或者社区康复协议的规定。如果张三继续吸毒,还是会被公安机关决定强制隔离戒毒。

——法律链接——

《禁毒法》(2008年6月1日起施行)

第四十八条　对于被解除强制隔离戒毒的人员,强制隔离戒毒的决定机关可以责令其接受不超过三年的社区康复。

社区康复参照本法关于社区戒毒的规定实施。

——资源链接——

新闻:吸毒后办理社区戒毒手续,被再次决定强制隔离戒毒①

2014年11月25日,浙江省温州市洞头县公安局双朴派出所民警将曾某送到温州市三垟强制隔离戒毒拘留并强制隔离戒毒两年。面对戒毒所的收戒,曾某顿时傻眼。自认为刚因身体原因被"放"出来,就自恃有病,绝对不会被再次收监,所以才刚出戒毒所就立刻吸食毒品,没想到还是进了班房。

原来曾某因身体原因,戒毒所认为其不宜继续执行强制隔离戒毒,要求洞头县公安局对曾某另行处理。2014年11月13日,洞头县公安局责令曾某接受社区戒毒3年。然而曾某出来后,第一件事情不是去报到,而是去吸毒。11月24日,曾某来洞头县公安局双朴派出所问如何办理社区戒毒,民警观察其行为有明显的吸毒后的症状,就例行要对其尿检。面对尿检,曾某很是配合,并告诉民警:"我昨天下午刚刚吸毒,但我身体不好是关不进去的。"曾某的回答差点"雷倒"民警,居然真有吸毒后来办理手续的。

民警一了解,曾某这一年都能写成一本故事了。曾某,男,洞头县人,因吸毒多次被公安机关查处。仅仅在2014年就因吸毒连续3次被公安机关查获,并处以3次拘留和强制隔离戒毒2年。第一次是年

① 参见《拿身体抱恙当"挡箭牌"男子迎来一年中第三次强戒》,载洞头新闻网,http://www.dtxw.cn/system/2014/12/01/011851746.shtml。

初被查获处以拘留和强制隔离戒毒2年,后考虑到其身体原因,只强制了一个多月就转为社区戒毒,但曾某一直未到公安机关办理相关手续。其3月再次被民警查获,又被拘留和强制隔离戒毒2年,考虑到其屡教不改的劣行,第二次强戒了8个多月,才转为社区戒毒。然而公安机关对其的照顾被曾某当成了尚方宝剑,自认为身体不好再也不会被关进去了,所以一出来马上疯狂吸毒,并且吸完毒来报到,公安机关只能再次决定将其强制隔离戒毒。

问题13 张三如果被强制隔离戒毒,是必须等到2年期满才能转到社区戒毒吗?

回答:不是。如果强制隔离戒毒执行一年后,张三被评估为戒毒情况良好,可以“减期”,从而提前解除强制隔离戒毒。另外张三因为身体健康状况的原因不适宜继续接受强制戒毒,也可能在期满前被变更为责令社区戒毒。此外,强制隔离戒毒也有可能延长期限,最长至3年。

——法律链接——

《禁毒法》(2008年6月1日起施行)

第四十七条　强制隔离戒毒的期限为二年。

执行强制隔离戒毒一年后,经诊断评估,对于戒毒情况良好的戒毒人员,强制隔离戒毒场所可以提出提前解除强制隔离戒毒的意见,报强制隔离戒毒的决定机关批准。

强制隔离戒毒期满前,经诊断评估,对于需要延长戒毒期限的戒毒人员,由强制隔离戒毒场所提出延长戒毒期限的意见,报强制隔离戒毒的决定机关批准。强制隔离戒毒的期限最长可以延长一年。

《强制隔离戒毒诊断评估办法》(2013年9月2日印发)

第二条　本办法所称强制隔离戒毒诊断评估,是指强制隔离戒毒所对戒毒人员在强制隔离戒毒期间的生理脱毒、身心康复、行为表现、社会环境与适应能力等情况进行综合考核、客观评价。

第三条　强制隔离戒毒诊断评估结果,是强制隔离戒毒所对戒毒人员按期解除强制隔离戒毒、提出提前解除强制隔离戒毒或者延长强制隔离戒毒期限意见以及责令社区康复建议的直接依据。

第十一条　对生理脱毒评估、身心康复评估、行为表现评估均达到"合格",社会环境与适用能力评估结果为"良好"的,强制隔离戒毒所可以提出提前解除强制隔离戒毒的意见。

——资源链接——

新闻:情侣戒毒成功　520他们结婚了![1]

曾经深陷毒海的她怎么也想不到,自己还能过上平凡人的幸福生活,是强制隔离戒毒让她懂得了自力更生的道理。

凭借家人的支持和社会组织的帮扶,陈娟耐下心来,认真工作,靠着自己的努力一步步从工作中获得成就感,以此替代毒品带给她的满足感,走出了戒治成功的关键一步。

一念成魔难逃毒品深渊

有过一段失败的婚姻的陈娟曾经是一名家庭主妇,没有任何工作经验,一直过着衣来伸手饭来张口的生活。

2006年的一天,她偶然间发现丈夫吸毒,多番劝阻无用之后,她开始自暴自弃,对生活失去了奋斗的目标,对未来一片迷茫,与丈夫一

① 参见赵颖:《情侣戒毒成功　520他们结婚了!》,载司法部官方微博,https://view.inews.qq.com/a/20200626A06MWP00?tbkt=D&uid=1833211933&refer=wx_hot。

起踏上了吸毒这条不归路,过着形同行尸走肉般的生活。

两人靠着变卖家产、骗取家人积蓄等方式获取毒资,在败光了家产后又开始以贩养吸度日。

2009年,陈娟因贩卖毒品获刑一年。出狱后,她依然恶习难改,继续吸食冰毒,过着浑浑噩噩的日子,婚姻也已经名存实亡。

2015年,因一次朋友间的聚会,陈娟与程海相遇了,发现对方都是瘾君子,就这样一拍即合地保持了联系。

不久后,陈娟离婚,正式成为了程海的女友。

程海之前一直有稳定的工作,吸毒的时间不长。但自从跟陈娟在一起后,不再工作,整天躲在家中不是吸毒就是在网上赌博,短短两三年间,就败光了父母一辈子的积蓄。

2017年7月,两人在程海家中吸食冰毒时,被公安机关当场查获,分别直送浙江省莫干山女子强制隔离戒毒所和浙江省拱宸强制隔离戒毒所接受为期两年的强制隔离戒毒。

梦醒时分化被动为主动

这是陈娟第一次来到强制隔离戒毒场所,接受系统性的科学戒毒。在学习了生理脱毒区和教育适应区的各项课程后,她仍然像是一只迷途的羔羊,每天的生活按部就班,既不反抗,也毫无积极性。

一天,主管民警找她谈话,递给她一封母亲亲笔信,信中说父亲出了车祸,家里经济比较困难,这个月就只能给她寄500元生活费。

直到这一刻她才恍然大悟,虽然身处高墙内,但是家人对她一直不离不弃,想到这些,陈娟像一个茫然无措的孩子号啕大哭,泣不成声。

民警抓住机会,与她进行一次深入谈话,鼓励她发挥所长,引导她树立戒治信念,积极融入戒治生活,争取早日结束戒毒生活。

三个月后,由于各方面表现良好,陈娟被民警调入回归指导区担任夜间值班员。除此之外,她每月积极投稿、出黑板报,认真完成每一项任务。

一年多的时光里,陈娟一直与程海保持书信往来。他们互相鼓励,与对方分享戒治经验。她会写一些戒治生活中的见闻,他会画一些花鸟虫鱼寄过来寄托思念,并向对方报告每个月获得了多少奖分。他们互相承诺,“出所后不求大富大贵,只想过平平淡淡的正常人生活”。

2019年的2月,陈娟收到了程海已经回家的消息。一个月后,她也攒够了奖分,申请一年八个月提前解除强制隔离戒毒。

出所前,民警又与其进行了一次谈话,对其出所后的各项事宜再叮嘱一番。陈娟笑着说:“警官,我感到非常幸运。一年多来,你在回归指导区做的每一次团体心理辅导我都有旁听,让我受益匪浅。‘如何拒绝毒品?’‘如何建立起自己的戒毒支持系统?’这些方法我早已经铭记于心。这次戒毒真正让我懂得了自由的珍贵! 请相信我,我一定不会辜负你对我的教导,保持良好操守,按要求去社区报到。”

余生携手共同改过自新

出所后,陈娟与男友互相鼓励,互相监督,一直保持良好的操守。

尽管出所前信誓旦旦地要重新做人,找一份工作养家糊口,但是真正回到家中以后,陈娟的内心还是产生了犹豫。她毕业后就嫁人生子,没有一技之长,也没有工作经验,三十几岁一切都要从零开始,找工作的事情一拖再拖。直到一个月后,在父亲的帮助下,才进入一家测绘公司。

刚入职的时候,实习期月工资2500元,除去基本生活开销所剩无几,再加上对CAD软件不了解,各种图纸的制作要求也记不清,陈娟直想打退堂鼓。

在家人的大力支持下,她咬着牙坚持了下来。等到顺利转正后,又因为工作勤奋得到升职加薪的奖励。

看着自己的工资一点点多起来，她重新找回了快乐，憧憬着未来的幸福生活。这份稳定有前景的工作，拴住了陈娟的这颗浮躁于世的心，使她再也没有时间去浪费生命，再也没有精力去挥霍人生。

程海在解除强制隔离戒毒之后，一直待业在家。

陈娟将自己第一个月的工资分了一半给他的时候说："作为我的男朋友，照顾你是我的责任。现在没找到合适的工作不要紧，我相信你一定会通过自己的努力给我幸福。"就是这样一番鼓励的话，让这个男人下定了决心。

程海向原单位申请了复职，顺利回到了原来的工作岗位。

2020 年的 5 月 20 日，他们登记结婚了，往后余生，彼此关心，相互扶持，相互勉励，还约定好要用自己赚的钱举办婚礼，通过自己的努力好好补偿家人。

（备注：戒毒人员名字为化名）

问题 14 张三正在进行第二次强制隔离戒毒，且有犯罪前科，请问张三可以申请提前解除强制隔离戒毒吗？

回答：张三可以申请提前解除强制隔离戒毒。目前湖北省关于二次或二次以上强制隔离戒毒的减期政策如下。第一次和第二次强制隔离戒毒的戒毒人员，最高可减期 3 个月，第三次及三次以上的戒毒人员，最高可减期 2 个月。安全员等"三员"和"优秀戒毒人员"可以在此基础上增加幅度。具体为第一次强制隔离戒毒的，最高可减期 6 个月，第二次强制隔离戒毒的减期最高 5 个月，第三次及三次以上的，最高可减期 4 个月。对于曾有犯罪记录的强制隔离戒毒人员，目前尚未出台影响诊断评估减期的具体规定。

如果张三申请提前解除强制隔离戒毒，需要满足的条件有三个:一是强制隔离戒毒已经执行满一年;二是经过诊断评估达到“戒毒情况良好”标准,即在一年后诊断评估得分在 90 分以上,基本摆脱毒瘾,在生理、心理、认知、行为、家庭和社会功能五个方面都已趋于正常;三是不具有以下“不得提出提前解除强制隔离戒毒的意见”的情形之一:“拒不交代真实身份和住址的”、“脱逃被追回或者有自伤自残行为的”、“所外就医、探视、请假外出等期间或者回所时毒品检测结果呈阳性或者拒绝接受毒品检测的”、“被责令接受社区康复的人员拒绝接受社区康复或者严重违反社区康复协议,因再次吸食、注射毒品被决定强制隔离戒毒的”以及“其他不宜提前解除强制隔离戒毒的”。

申请提前解除强制隔离戒毒的流程是,在强制戒毒已经执行一定期限后,由家属向强制隔离戒毒所递交书面的提前解除强制隔离戒毒转为社区戒毒申请书。强制隔离戒毒所对被申请人的情况进行评估,符合提前解除条件的(如对于第一次强制隔离戒毒的人员会根据一年后的诊断评估进行判断,如果在这次诊断评估中达到 90 分以上属于符合条件),由强制隔离戒毒所提出提前解除强制隔离戒毒的意见并报作出强制隔离戒毒决定的公安机关审核。如果公安机关批准,被申请人即可提前结束强制戒毒,根据被申请人具体情况,公安机关可以责令其接受不超过 3 年的社区康复。

无法按时提交材料会导致申请失败。武汉市各强制隔离戒毒所要求提供以下材料:本人和担保人的户口本、身份证复印件、社区相关证明。缺乏任何一项材料就意味着没有提前解除的资格,这些材料由禁毒委员会审核,提前提交材料的时长由强制隔离戒毒所大队具体安排。提前解除强制隔离戒毒转为社区戒毒的申请材料,由强制隔离戒毒所呈报,禁毒委员会审批。

——法律链接——

《强制隔离戒毒诊断评估办法》(2013年9月2日印发)

第十二条　对被二次以上强制隔离戒毒的,应当从严控制提前解除强制隔离戒毒的期限。

第十三条　对具有下列情形之一的戒毒人员,不得提出提前解除强制隔离戒毒的意见:

(一)拒不交代真实身份和住址的;

(二)脱逃被追回或者有自伤自残行为的;

(三)所外就医、探视、请假外出等期间或者回所时毒品检测结果呈阳性或者拒绝接受毒品检测的;

(四)被责令接受社区康复的人员拒绝接受社区康复或者严重违反社区康复协议,因再次吸食、注射毒品被决定强制隔离戒毒的;

(五)其他不宜提前解除强制隔离戒毒的。

第二十一条　执行强制隔离戒毒三个月后,强制隔离戒毒所应当参照生理脱毒评估标准对戒毒人员生理脱毒情况进行阶段性评价,评价结果应当作为一年后和期满前生理脱毒诊断评估的重要依据。

第二十二条　执行强制隔离戒毒一年后,强制隔离戒毒所应当对戒毒人员进行综合诊断评估。

强制隔离戒毒所诊断评估办公室应当采取查阅戒毒人员诊断评估材料、与戒毒人员谈话、进行相关测试和社会调查等方式开展诊断评估工作,形成诊断评估结果。

第二十四条　诊断评估结果经公示并按有关规定审核后,强制隔离戒毒所提出提前解除强制隔离戒毒或者延长强制隔离戒毒期限意见的,应当向强制隔离戒毒决定机关提交以下材料:

(一)提前解除强制隔离戒毒或者延长强制隔离戒毒期限的意见书;

（二）强制隔离戒毒决定书的复印件；

（三）其他需要移送的材料。

第二十五条第一款　强制隔离戒毒决定机关应当自收到提前解除强制隔离戒毒、延长强制隔离戒毒期限的意见之日起七日内，作出是否批准的决定，于作出决定后七日内将决定书送达被决定人，并通知强制隔离戒毒所。

——资源链接——

案例：广西壮族自治区兴安县人民法院行政判决书，（2019）桂0325行初30号

民警发现文某和薛某二人均是吸毒前科人员，便将二人口头传唤至界首派出所进行询问调查并对二人进行尿液毒品检测，检测二人甲基安非他明项均呈阳性。经对二人调查查实，2019年7月11日傍晚文某与薛某吸食了冰毒。公安局根据《治安管理处罚法》相关规定分别对文某、薛某作出行政拘留15日的处罚决定，并将文某送拘留所执行拘留。薛某因正在哺乳婴儿，实际不执行拘留。由于文某在社区戒毒期间再次吸毒，所以还需执行强制隔离戒毒两年。文某在进行强制隔离戒毒前的入所体检时脱逃，最后在家人的陪同下返回。另外，文某在社区戒毒期间从未到戒毒（康复）工作站报到，也未进行定期体检。

文某将公安局诉至法院，请求撤销公安局作出的兴公强戒决字〔2019〕第00166号强制隔离戒毒决定书，并承担本案诉讼费。法院最终支持了公安局的诉讼请求，认为公安局作出的强制隔离戒毒决定属于合法行政行为。文某作为强制隔离戒毒人员脱逃并被追回的，应当继续执行强制隔离戒毒，脱逃期间不计入强制隔离戒毒期限，且不得提前解除强制隔离戒毒。

武汉市司法局戒毒管理机构信息一览

戒毒管理机构	联系方式	地址
武汉市司法局戒毒保障所	027－65681585	武汉市江汉区罗家嘴路11号
武汉市司法局戒毒教育矫治所	027－65681585	武汉市江汉区罗家嘴路11号
武汉市司法局何湾强制隔离戒毒所	027－65681696	武汉市江汉区罗家嘴路11号
武汉市司法局汉阳强制隔离戒毒所	027－84923351	武汉市蔡甸区蔡甸街唐河村
武汉市司法局柏泉强制隔离戒毒所	027－83237276	武汉市东西湖区柏泉镇
武汉市司法局女子强制隔离戒毒所	027－65681716	武汉市江岸区塔子湖西路15号

问题15 张三因为吸毒被行政拘留，同时又被查出非法持有毒品数量较多和容留他人吸毒需要被刑事拘留，之前的行政拘留还需要继续执行吗？

回答：需要。在行政拘留执行完毕后，公安机关再对张三执行拘留、逮捕等刑事强制措施。行政拘留在拘留所执行，拘留、逮捕等强制措施在看守所执行。决定拘留的公安机关办案人员移交犯罪嫌疑人时，刑事案件的办案人员向被拘留人宣布采取刑事强制措施的决定并执行。

——法律链接——

《禁毒法》(2008年6月1日起施行)

第五十条　公安机关、司法行政部门对被依法拘留、逮捕、收监执行刑罚以及被依法采取强制性教育措施的吸毒人员,应当给予必要的戒毒治疗。

《公安机关执法细则》(第3版)(2016年7月5日印发)

59－03. 行政拘留的执行

1. 送达拘留所执行。

(1)对被决定行政拘留的人,由作出决定的公安机关于当日送达拘留所执行,不得拖延。对抗拒执行的,可以使用约束性警械。

(2)公安机关应当将被决定行政拘留的人送到拘留所,将《行政处罚决定书》和《行政拘留执行回执》送达拘留所,《行政拘留执行回执》由拘留所经办人填写、投送人签字后带回附卷。执行拘留的时间以日为单位计算,从拘留所收拘当日到第二日为一日。因特殊情况,拘留决定机关无法按照《行政处罚决定书》上载明的时间将被拘留人送达拘留所执行的,拘留决定机关应当在《行政处罚决定书》上重新载明拘留起止时间,并加盖拘留决定机关印章。

(3)对被决定行政拘留的人,在异地被抓获或者具有其他有必要在异地拘留所执行情形的,经异地拘留所主管公安机关批准,可以在异地执行。

(4)拘留所凭《行政处罚决定书》收拘被拘留人。异地收拘的,拘留所凭《行政处罚决定书》和《异地执行拘留审批表》收拘被拘留人。

(5)被拘留人被执行行政拘留后,又被查明涉嫌刑事犯罪的,应当在行政拘留执行完毕后再采取刑事强制措施。移交时,办案单位向被拘留人宣布采取刑事强制措施的决定并执行。

(6)对同时被决定行政拘留和社区戒毒或者强制隔离戒毒的人员,应当先执行行政拘留。社区戒毒的期限自报到之日起计算,强制隔离戒毒的期限自决定作出之日起计算。被拘留人在执行行政拘留期间,又被决定社区戒毒或者强制隔离戒毒的,应当在行政拘留执行完毕后再移交。

(7)被拘留人在执行行政拘留前被决定强制隔离戒毒,拘留所不具备戒毒治疗条件的,拘留所和强制隔离戒毒所所属公安机关建立代执行工作机制后,拘留决定机关可以直接将被拘留人送公安机关管理的强制隔离戒毒所代为执行行政拘留;被拘留人在执行行政拘留后被决定强制隔离戒毒,拘留所不具备戒毒治疗条件的,可以由拘留所开具《代为执行行政拘留通知书》,交由公安机关管理的强制隔离戒毒所代为执行行政拘留。行政拘留期满后,由拘留所发给被拘留人《解除拘留证明书》。

(8)吸食、注射毒品成瘾人员在执行社区戒毒期间因违法行为被公安机关作出行政拘留处罚的,应当先执行行政拘留后再继续执行社区戒毒;吸食、注射毒品成瘾人员在强制隔离戒毒期间被公安机关作出行政拘留处罚的,由强制隔离戒毒所代为执行行政拘留。

……

——资源链接——

案例:上海市嘉定区人民法院刑事判决书,(2013)嘉刑初字第757号

陈某容留他人吸毒罪一案中,被告人陈某2013年5月9日因吸毒被上海市某公安分局处行政拘留5日,并责令接受社区戒毒3年;2013年5月14日因涉嫌容留他人吸毒犯罪被上海市某公安分局刑事拘留,同年6月9日被依法逮捕。案件审判时被羁押于上海市某看守所。

话题二十二　社区康复

问题1　社区康复期间，吸毒人员张三在外地工作，为了证明本人在外地工作的时候没有再次吸毒，能不能直接在工作的地方进行尿检，然后把检验结果发回监管社区来证明没有复吸？

回答：张三可以直接在工作的地方进行尿检。根据规定，外出流动的社区康复戒毒人员可以向原执行地公安机关申请变更执行地点。对于流入外地、未变更执行地的社区戒毒康复人员，执行地可以委托流入地公安机关协助进行吸毒检测。

——法律链接——

《国家禁毒委员会办公室、公安部、民政部、司法部关于进一步加强和规范社区戒毒社区康复执行工作的通知》（禁毒办通〔2018〕15号，2018年1月31日发布）

四、进一步规范社区戒毒社区康复人员异地管控工作。对于外出流动的社区戒毒社区康复人员，户籍地禁毒部门要切实加强情况跟踪并及时通报流入地禁毒部门；居住地禁毒部门要将本辖区内的外地籍社区戒毒社区康复人员纳入管控范围、落实相应的管控、治疗措施并及时与其户籍地禁毒部门通报本地发现、管控的社区戒毒社区康复人员情况。社区戒毒社区康复执行期间，因户籍地、居住地发生变化需要变更执行地点的，社区戒毒社区康复人员应当向原执行地公安机关提出书面申请，同时提供户籍地、居住地变更情况证明材料。原执行地公安机关在收到书面申请3个工作日内通知原执行地社区戒毒社区康复工作机构，社区戒毒社区康复工作机构在接到公安机关通知3个工作日内填写《变更社区戒毒社区康复执行地审批表》提交原执行地公安机关，公安机关应当在接到审批表后3日内进行审批并出具书面意见。……

五、进一步规范社区戒毒社区康复检测工作。……对于流入外地、未变更执行地的社区戒毒社区康复人员，执行地可以委托流入地公安机关协助进行吸毒检测，流入地公安机关应予以协助，并在完成吸毒检测后5个工作日内将检测结果反馈执行地公安机关。

问题2 张三听说强制隔离戒毒出去后要进行社区康复，社区康复和社区戒毒是相同的吗？是不是结束强制隔离戒毒就要接受社区康复？

回答：社区康复不同于社区戒毒。社区戒毒是与强制隔离戒毒并列的一种强制性戒毒措施，社区戒毒由城市街道办事处、乡镇人民政府负责，也具有一定的强制性。接受社区戒毒的戒毒人员应当遵守法律、法规，自觉履行社区戒毒协议，并根据公安机关的要求，定期接受检测。社区康复则是强制隔离戒毒后的巩固手段，是法律规定的戒毒后续跟进服务措施，是带有强制性的后续照管，以便巩固戒毒效果。

并不是只要被强制隔离戒毒就要接受社区康复。对于被解除强制隔离戒毒的人员，强制隔离戒毒的决定机关可以责令其接受不超过3年的社区康复。

法律链接

《禁毒法》(2008年6月1日起施行)

第三十三条　对吸毒成瘾人员,公安机关可以责令其接受社区戒毒,同时通知吸毒人员户籍所在地或者现居住地的城市街道办事处、乡镇人民政府。社区戒毒的期限为三年。

戒毒人员应当在户籍所在地接受社区戒毒;在户籍所在地以外的现居住地有固定住所的,可以在现居住地接受社区戒毒。

第四十八条　对于被解除强制隔离戒毒的人员,强制隔离戒毒的决定机关可以责令其接受不超过三年的社区康复。

社区康复参照本法关于社区戒毒的规定实施。

《戒毒条例》(2018年9月18日发布)

第三十七条　对解除强制隔离戒毒的人员,强制隔离戒毒的决定机关可以责令其接受不超过3年的社区康复。

社区康复在当事人户籍所在地或者现居住地乡(镇)人民政府、城市街道办事处执行,经当事人同意,也可以在戒毒康复场所中执行。

资源链接

新闻:戒毒社区①

武汉市禁毒委员会办公室披露,2020年武汉市各级禁毒部门大力推进工作提档升级、能力提质竞进,全市标杆中心戒毒社区达到119个,已覆盖全市168条街道。

"引领人生路,真诚暖人心。"2020年10月22日,已参加社区戒毒一年的戒毒人员聂某,带着一面锦旗来到青山区钢花村街中心戒毒

---

①　参见冯威、张斌:《119个标杆中心戒毒社区覆盖168条街道》,载武汉市公安局官方微博2021年1月3日,https://baijiahao.baidu.com/s?id=1687871851206402268&wfr=spider&for=pc。

社区,向帮助他的工作人员表示感谢。他告诉禁毒社工,这面锦旗,是用他第一个月工资做的。

2019年12月,聂某从武中医院出院,此前他在武中医院接受戒毒治疗。按照戒毒管理有关规定,他还将接受为期3年的社区康复。看到儿子回到家中,聂某八十多岁的老母亲欣慰之余,也有一丝隐忧。

聂某没有工资收入,他和母亲的日常开销,全部依靠母亲微薄的退休金。禁毒社工的细心帮扶,让聂某萌生了找份工作、赚钱贴补家用的想法。中心戒毒社区禁毒社工及时为聂某推送招工信息,最终为他找到了一份保安工作。

戒毒人员高某从强制隔离戒毒所出所后,总认为周围群众乃至亲属大多瞧不起她,不愿与这些人员打交道,更谈不上去谈心交朋友。再加上没有工作,婚姻家庭也不美满,高某情绪越来越消极。

担心高某产生"破罐子破摔"想法,江汉区北湖街中心戒毒社区禁毒社工为她安排了一个"全覆盖"健康医疗服务中的心理辅导服务。高某积极配合,一边按照戒毒条例规定完成规定社区戒毒动作,一边参与心理辅导。"她的心态好了,跟家里人的关系也好了。"负责高某心理辅导的禁毒社工说。

武汉市禁毒办工作人员宁娅文介绍,戒毒人员普遍存在身体、心理方面的健康问题。为此北湖街中心戒毒社区探索了"全覆盖"健康医疗服务,依托"医疗协作"搭建戒毒人员和家庭的医疗扶助关怀平台。

"全覆盖"健康医疗服务包含健康医疗、心理辅导等多个方面,对纳入社区戒毒社区康复的戒毒人员,建立其个人健康档案,定期进行健康指导和相关疾病咨询。如果有长期慢性疾病治疗需求的戒毒人员,则为其建立家庭医生签约服务,联合社区医院提供便利医疗服务。"全覆盖"健康医疗服务还为戒毒人员提供专业的心理咨询,及时为他们疏导心理问题,坚定戒毒信心。

宁娅文说,2020 年,武汉市禁毒部门新建 39 个标杆中心戒毒社区,全市标杆中心戒毒社区数量达到 119 个,覆盖全市 168 个街道。全市配备专兼职禁毒社工 1700 余名,开展各类禁毒宣传活动 1000 余场次,协调相关部门推荐就业 1500 余人次。

问题 3　张三从强制隔离戒毒所出来后,如果不按要求去社区康复报到,会有什么不利后果?

回答:拒绝社区康复或者违反社区康复协议后,若再次因吸食毒品被强制隔离戒毒,不得提前解除强制隔离戒毒。

被责令接受社区康复的人员,应当自收到责令社区康复决定书之日起 15 日内到户籍所在地或者现居住地乡(镇)人民政府、城市街道办事处报到,签订社区康复协议。如果从强制隔离戒毒所出来后,未按规定到社区报到,视为拒绝接受社区康复。被责令接受社区康复的人员拒绝接受社区康复或者严重违反社区康复协议,并再次吸食、注射毒品被决定强制隔离戒毒的,由公安机关依法作出强制隔离戒毒决定,并且在强制隔离戒毒期间不能提前解除强制隔离戒毒。

—— 法律链接 ——

《戒毒条例》(2018 年 9 月 18 日发布)

第三十七条　对解除强制隔离戒毒的人员,强制隔离戒毒的决定机关可以责令其接受不超过 3 年的社区康复。

社区康复在当事人户籍所在地或者现居住地乡(镇)人民政府、城市街道办事处执行,经当事人同意,也可以在戒毒康复场所中执行。

第三十八条　被责令接受社区康复的人员,应当自收到责令社区康复决定书之日起 15 日内到户籍所在地或者现居住地乡(镇)人民政府、城市街道办事处报到，签订社区康复协议。

被责令接受社区康复的人员拒绝接受社区康复或者严重违反社区康复协议，并再次吸食、注射毒品被决定强制隔离戒毒的，强制隔离戒毒不得提前解除。

《武汉市禁毒条例》(2019年5月23日发布，2019年6月26日起施行)

第四十一条　被责令接受社区康复的人员拒绝接受社区康复或者严重违反社区康复协议，并再次吸食、注射毒品被决定强制隔离戒毒的，强制隔离戒毒不得提前解除。

社区康复人员自收到责令社区康复决定书之日起十五日内，无故未到户籍所在地或者现居住地街道办事处、乡(镇)人民政府签订社区康复协议的，属于拒绝接受社区康复。

社区康复人员在社区康复期间，有下列情形之一的，属于严重违反社区康复协议：

(一)逃避或者拒绝接受检测三次以上；

(二)擅自离开社区康复执行地所在区三次以上或者累计超过三十日的。

第四十二条第一、二、三款　强制隔离戒毒场所应当与强制隔离戒毒人员现居住地或者户籍所在地的有关部门和单位加强合作，开展信息对接、所内帮教、戒毒效果回访评估等活动。

强制隔离戒毒场所按照规定对戒毒人员的戒毒康复、现实表现、适应社会能力等情况进行综合评估后，应当提出是否提前、按期解除强制隔离戒毒或者延长强制隔离戒毒期限的意见，并按规定程序报原强制戒毒决定机关批准。

强制隔离戒毒场所应当在强制隔离戒毒人员解除强制隔离戒毒七日前，告知解除强制隔离戒毒决定机关，并通知其家属、所在单位、居住地或者户籍地派出所按期将其领回。

——资源链接——

社区康复的报到流程：

被责令接受社区康复的戒毒人员，应当自收到责令社区康复决定书之日起15日内到户籍所在地或者现居住地乡(镇)人民政府、城市街道办事处报到，签订社区康复协议。对15日内按时报到的人员，社区依法进行登记；对未在15日内报到的人员，有正当理由的(如不可抗力，配偶、父母、子女逝世，本人或近亲属重大疾病或事故等)，社区工作人员可采用逾期通知书的形式通知。对于无正当理由的，由社区工作人员向公安机关报告。

戒毒人员解除强制隔离戒毒后，一般情况下需要三方，即社工、户籍警察和家属到强制隔离戒毒所共同办理，当场签署社区康复协议。以武汉市为例，一共有四份相关文件：

(1)武汉市公安局社区戒毒/社区康复决定书：根据《禁毒法》第48条，责令社区康复3年(交给社工)。

(2)武汉市公安局提前解除强制隔离戒毒决定书：根据《禁毒法》第47条第2款(一式3份，原件公安局留存1份，戒毒所留存1份，本人1份。复印件家属、单位、派出所各1份)。

(3)社区戒毒/社区康复逾期未报到违法后果告知书：15日内需要去社区戒毒报到，未报到会被强制隔离戒毒，3年社区戒毒期间，再被强制隔离戒毒不可提前解除(告知本人)。

(4)武汉市司法局××强制隔离戒毒所接收证明(戒毒所留存档案)以及一份文件——武汉市司法局××强制隔离戒毒所评议登记表(家属填，对干警执法评价满意度进行评价)。

问题 4　张三签订社区康复协议后，因居住的社区被拆迁，只能搬到其他地方居住。张三在搬家后的第二天即前往新住所的街道办事处报到，却被告知没有收到关于自己的社区康复材料，原社区负责社区康复的工作人员也一直没有联系张三，导致张三在此期间无法继续接受社区康复。张三会不会被认定为“严重违反社区康复协议”，然后被再次决定强制隔离戒毒？

回答：张三不会被认定为“严重违反社区康复协议”而被再次强制隔离戒毒。因为张三在社区康复执行地变更之日起15日内已向新住址所在的街道办事处报到，由于负责社区康复的工作人员未依法履行社区康复监管职责才导致张三无法签订新的社区康复协议，继续执行社区康复，所以张三不存在“严重违反社区康复协议”的情况，也不会因此被再次强制隔离戒毒。

在社区康复期间，因执行地点变化，由原执行地街道办事处、乡（镇）人民政府按照规定将有关材料转送至新执行地街道办事处、乡（镇）人民政府，重新签订社区戒毒、社区康复协议，继续执行剩余期限。对于负责社区康复的工作人员未依法履行社区康复监管职责的，依照法律给予相应处分。因负责社区康复的工作人员未依法履行社区康复监管职责导致当事人未能按照要求进行社区康复，不处罚当事人。

—— 法律链接 ——

《戒毒条例》（2018年9月18日发布）

第二十二条　社区戒毒人员的户籍所在地或者现居住地发生变化，需要变更社区戒毒执行地的，社区戒毒执行地乡（镇）人民政府、城市街道办事处应当将有关材料转送至变更后的乡（镇）人民政府、城市街道办事处。

社区戒毒人员应当自社区戒毒执行地变更之日起15日内前往变更后的乡(镇)人民政府、城市街道办事处报到,社区戒毒时间自报到之日起连续计算。

变更后的乡(镇)人民政府、城市街道办事处,应当按照本条例第十六条的规定,与社区戒毒人员签订新的社区戒毒协议,继续执行社区戒毒。

第二十三条 社区戒毒自期满之日起解除。社区戒毒执行地公安机关应当出具解除社区戒毒通知书送达社区戒毒人员本人及其家属,并在7日内通知社区戒毒执行地乡(镇)人民政府、城市街道办事处。

第三十七条 对解除强制隔离戒毒的人员,强制隔离戒毒的决定机关可以责令其接受不超过3年的社区康复。

社区康复在当事人户籍所在地或者现居住地乡(镇)人民政府、城市街道办事处执行,经当事人同意,也可以在戒毒康复场所中执行。

《武汉市禁毒条例》(2019年5月23日发布,2019年6月26日起施行)

第四十条 社区戒毒、社区康复按照下列方式执行:

(一)在吸毒人员户籍所在地街道办事处、乡(镇)人民政府执行;

(二)本市吸毒人员现居住地与户籍所在地不一致,可以在现居住地执行;

(三)市外吸毒人员在本市居住半年以上,有合法稳定就业或者住所的,可以在现居住地执行;

(四)户籍所在地或者现居住地发生变化,由原执行地街道办事处、乡(镇)人民政府按照规定将有关材料转送至新执行地街道办事处、乡(镇)人民政府,重新签订社区戒毒、社区康复协议,继续执行剩余期限。

问题5 **户籍地不在武汉的张三，在武汉被强制隔离戒毒，此前张三已在武汉市居住半年多。解除强制隔离戒毒后，张三是在武汉居住的社区还是在户籍地接受社区康复？**

回答：一般情况下，张三应回户籍地接受社区康复，但是张三已经在武汉居住半年多，如果有证据证明他在武汉有合法稳定职业或者固定住所，也可以在武汉的居住地接受社区康复。

—— 法律链接 ——

《戒毒条例》(2018 年 9 月 18 日发布)

第三十七条　对解除强制隔离戒毒的人员，强制隔离戒毒的决定机关可以责令其接受不超过 3 年的社区康复。

社区康复在当事人户籍所在地或者现居住地乡（镇）人民政府、城市街道办事处执行，经当事人同意，也可以在戒毒康复场所中执行。

《武汉市禁毒条例》(2019 年 5 月 23 日发布，2019 年 6 月 26 日施行)

第四十条　社区戒毒、社区康复按照下列方式执行：

（一）在吸毒人员户籍所在地街道办事处、乡（镇）人民政府执行；

（二）本市吸毒人员现居住地与户籍所在地不一致，可以在现居住地执行；

（三）市外吸毒人员在本市居住半年以上，有合法稳定就业或者住所的，可以在现居住地执行；

（四）户籍所在地或者现居住地发生变化，由原执行地街道办事处、乡（镇）人民政府按照规定将有关材料转送至新执行地街道办事处、乡（镇）人民政府，重新签订社区戒毒、社区康复协议，继续执行剩余期限。

—— 资源链接 ——

如何查询所在社区关于“社区康复”的办事指南？

首先，以湖北省为例，登陆“湖北政务服务网”官方网站，在网站搜索框内输入“社区康复”，点击搜索键，下拉点击“社区康复”进入页面，根据网站指示选择本人住处所在地。目前，湖北省内除武汉市和其他市的某些县（区）如宜昌市伍家岗区以外，其他市的县（区）均提供社区康复办事指南网上查询业务。

其次，以湖北省宜昌市宜都市为例，根据网站指示选择宜都市作为办理地点后，进入宜都市办事指南页面，可以获取在宜都市办理社区康复相关事务的咨询方式如下：申请人可通过信函、电话、网络等方式进行咨询；单位地址：宜都市陆城街办宜红街37号；咨询电话：0717－4900323；网上咨询：http://zwfw.hubei.gov.cn/。

在宜都市办理社区康复相关事务的具体流程如下：（1）县级以上公安机关作出责令社区康复决定送达被解除强制隔离戒毒人员，并于当日内通知执行地街道、乡镇及其家属；（2）被解除强制隔离戒毒人员在收到责令社区康复决定书之日起15日内，携带居民身份证件和责令社区康复决定书，前往宜都市陆城街办宜红街37号，签订社区康复协议后开始执行社区康复。

问题6　张三户籍地在武汉，在武汉接受社区康复时，张三打算到外省去工作，那么张三能否在外省市居住的社区进行社区康复？如果可以更换监管社区，怎么办手续？

回答：张三可以在外省居住的社区进行社区康复，但应当由本人提出书面申请并经有关机关批准。程序如下：

（1）申请：接受社区康复的人员因工作或居住等原因，需要变更社区康复地点的，本人应当提出书面申请。申请书内容应包括变更理由、拟迁出时间、拟接收主要联系人、联系方式和联系电话，拟接收地社区康复机构的接收证明。

（2）拟转出社区审核：拟转出社区专门机构要认真审核申请

人条件,与转出地联系,在2个工作日内将变更社区康复地点申请书以及本人至今接受社区康复的执行情况报辖区派出所审核。社区康复执行内容包括社区康复执行通知书、社区康复协议书、社区康复计划执行情况。

(3)公安机关审核:公安派出所在收到社区康复机构报告后,10个工作日内与拟接收地公安机关和社区康复机构联系,核实报告材料内容,并根据核实情况提出意见,上报作出责令社区康复决定的公安机关批准。

(4)公安机关批准:作出决定的公安机关应当在收到申请报告后3个工作日内,对申请人的变更予以批复。

(5)到接收地社区报到:社区康复人员在获准变更执行地点后,应带上变更社区执行地点通知书、社区戒毒决定书(复印件)及其他报告材料,在10日内到接收地街道办事处或镇人民政府报到。拟转出地社区康复机构在社区康复人员获准变更执行地点后,应在15个工作日内将社区康复人员执行情况复印件移交接收地区康复机构。

(6)接收地社区接管:接收地社区康复机构,在社区康复人员报到后3个工作日内落实社区康复措施。

话题二十三　自愿戒毒

问题1　张三想戒掉毒瘾，可以寻求哪些机构的帮助？

回答：张三可以自行到戒毒医疗机构接受戒毒治疗。根据法律规定，自愿戒毒人员或其监护人可以与戒毒医疗机构签订自愿戒毒协议，根据协议约定前往戒毒医疗机构接受戒毒治疗。

——法律链接——

《禁毒法》(2008年6月1日起施行)

第三十六条　吸毒人员可以自行到具有戒毒治疗资质的医疗机构接受戒毒治疗。

设置戒毒医疗机构或者医疗机构从事戒毒治疗业务的，应当符合国务院卫生行政部门规定的条件，报所在地的省、自治区、直辖市人民政府卫生行政部门批准，并报同级公安机关备案。戒毒治疗应当遵守国务院卫生行政部门制定的戒毒治疗规范，接受卫生行政部门的监督检查。

戒毒治疗不得以营利为目的。戒毒治疗的药品、医疗器械和治疗方法不得做广告。戒毒治疗收取费用的，应当按照省、自治区、直辖市人民政府价格主管部门会同卫生行政部门制定的收费标准执行。

第三十七条　医疗机构根据戒毒治疗的需要，可以对接受戒毒治疗的戒毒人员进行身体和所携带物品的检查；对在治疗期间有人身危险的,可以采取必要的临时保护性约束措施。

发现接受戒毒治疗的戒毒人员在治疗期间吸食、注射毒品的,医疗机构应当及时向公安机关报告。

《戒毒条例》(2018年9月18日发布)

第十条　戒毒医疗机构应当与自愿戒毒人员或者其监护人签订自愿戒毒协议,就戒毒方法、戒毒期限、戒毒的个人信息保密、戒毒人员应当遵守的规章制度、终止戒毒治疗的情形等作出约定,并应当载明戒毒疗效、戒毒治疗风险。

——资源链接——

武汉市具有戒毒治疗资质的医疗机构信息一览

名称	地址	联系电话
武汉市琴断口戒毒医院	武汉市经济开发区东风大道486号	027-84467850
武汉华佑戒毒医院	武汉市东西湖区柏泉办事处张柏路425号	400-155-9987
武汉东方戒毒医院	武汉市蔡甸区张湾街徐尹邓村	027-88022649
武汉忠德戒毒医院	武汉市江岸区淌湖三村1号	暂缺
武汉武南戒毒医院	武汉市洪山区洪山街新路村一组1号	18627135292 13971502289
武汉东平戒毒医院	武汉市洪山区和平乡湖光村小龟山特1号	027-88399099
武汉盛泰戒毒医院	武汉市东西湖区将军路228号	暂缺
湖北京华中西医结合戒毒医院	武汉市洪山区青菱乡老桥村26-2号	暂缺
武汉永丰戒毒医院	武汉市汉阳区永丰乡三眼桥董湾特3号	暂缺

续表

名称	地址	联系电话
武汉复兴戒毒医院	武汉市武昌区保安街163号	暂缺
武汉天使戒毒医院	武汉市青山区站前路10号	027-86303680
武汉市徐家棚戒毒医院	湖北省武汉市洪山区团结大道256号	暂缺
武汉武中精神病医院	武汉市洪山区洪山街李桥村一路2号	暂缺

资料来源：天眼查App的检索，检索日期2021年10月31日。

问题2　张三在戒毒医疗机构里会接受怎样的戒毒治疗？

回答：自愿戒毒人员在戒毒医疗机构里能够接受关于艾滋病等传染病的预防知识教育，同时戒毒医疗机构会采取脱毒治疗、心理康复、行为矫治等多种治疗措施来帮助自愿戒毒人员戒除毒瘾。

——法律链接——

《戒毒条例》(2018年9月18日发布)

第十一条　戒毒医疗机构应当履行下列义务：

(一)对自愿戒毒人员开展艾滋病等传染病的预防、咨询教育；

(二)对自愿戒毒人员采取脱毒治疗、心理康复、行为矫治等多种治疗措施，并应当符合国务院卫生行政部门制定的戒毒治疗规范；

(三)采用科学、规范的诊疗技术和方法，使用的药物、医院制剂、医疗器械应当符合国家有关规定；

(四)依法加强药品管理，防止麻醉药品、精神药品流失滥用。

——资源链接——

资料1:常见戒毒治疗方法①

第一,自然戒断法,又称冷火鸡法或干戒法,是指强制中断吸毒者的毒品供给,仅提供饮食与一般性照顾,使其戒断症状自然消退而达到脱毒目的的一种戒毒方法。其特点是不给药,缺点是较痛苦。

第二,药物戒断法,又称药物脱毒治疗,是指给吸毒者服用戒断药物,以替代、递减的方法,减缓、减轻吸毒者戒断症状的痛苦,逐渐达到脱毒的戒毒方法。其特点是使用药物脱毒。美沙酮替代递减法就属于此种方法。

第三,非药物戒断法,是指采用针灸、理疗仪等,减轻吸毒者戒断症状反应的一种戒毒方法。其特点是通过辅助手段和“心理暗示”的方法减轻吸毒者戒断症状痛苦达到脱毒目的。缺点是时间长,巩固不彻底。心理疏导疗法就属于此种方法。

资料2:盐酸美沙酮用于戒毒者维持治疗的服药效果②

方法:以中山市第二人民医院南区分院药物维持治疗门诊、4个延伸点及中山市第三人民医院美沙酮门诊接受盐酸美沙酮维持治疗的部分服药人员为研究对象,分析其用药情况。

结果:481名研究对象中,男434名,女47名;年龄多集中在18~60岁(98.54%);学历多为小学、初中(70.27%),无业人员占48.23%;经济多一般或较差(82.12%);一直或基本坚持服药的占63.41%;合并疾病为艾滋病和丙型肝炎;能完全按要求坚持盐酸美沙

---

① 参见河北省戒毒管理局:《戒毒治疗方法常见的有三种》,载河北省司法厅网,http://sft.hebei.gov.cn/system/2019/04/02/011847267.shtml。

② 参见莫国栋等:《广东省中山市盐酸美沙酮服药人员用药情况分析》,载《中国药业》2021年第10期。

酮治疗的有178名(37.01%);最近1年除使用盐酸美沙酮外还滥用过1种或多种药物(毒品)的有303名(62.99%),滥用频率最高的为海洛因(31.31%),其次为去痛片(17.17%)、地西泮(12.12%)、曲马多(10.10%)等;研究对象的盐酸美沙酮用量较分散,个体差异明显,平均用量为每次76.30ml;维持治疗期间主要药品不良反应为便秘(42.20%)、嗜睡(18.50%)、恶心呕吐(15.80%)等。

结论:研究对象90.23%为男性,多处于无业状态,相对经济状况较差,大多能完全按要求接受药物治疗,虽然对毒品的认知微弱,但其行为改变的动机较强。作为药师,应在用药全过程中加强用药监护,关注药品不良反应,制订个体化给药方案,与医护人员、社会工作人员、服药人员自身及其家属共同探讨,制订合理的减量计划,帮助服药人员顺利完成脱毒治疗阶段,降低其脱失率,从而减少其违规违纪现象。

资料3:中西医结合治疗海洛因脱毒方法①

目的:探究中西医结合治疗海洛因脱毒的疗效与不良反应发生情况。

方法:86例自愿戒毒的海洛因依赖患者,随机分为西药组和中西医结合组,每组43例。西药组给予美沙酮进行戒断,中西医结合组在西药组基础上采用胃电治疗仪穴位电刺激进行戒断。对比两组患者的脱毒疗效和不良反应发生率。

结果:中西医结合组脱毒总有效率为90.70%,高于对照组的74.42%,两组之间疗效的差异有统计学意义($P < 0.05$),也就是中西医结合组脱毒的疗效得到统计数据支持,与对照组疗效不存在差异的概率小于0.05,属于小概率事件。中西医结合组晕迷、恶心、出汗、嗜

① 参见申德香:《中西医结合治疗海洛因脱毒的疗效与不良反应发生情况》,载《中国现代药物应用》2021年第8期。

睡、便秘、体位性低血压的发生率均低于西药组,但差异无统计学意义(P>0.05),也就是该组不良反应的发生不显著。

结论:中西医结合治疗海洛因脱毒的疗效要优于单纯西药治疗,且可减少不良反应的发生,美沙酮作为临床常用的替代药物,可以在吸毒者毒瘾发作时替代海洛因,一方面减轻吸毒者的戒断痛苦,另一方面帮助吸毒者逐渐摆脱海洛因。而且美沙酮价格较为合理,可降低吸毒者经济支出,促进家庭稳定及就业率。但是单纯进行美沙酮维持治疗无法真正解决吸毒者成瘾的所有问题,美沙酮本身具有一定的成瘾性,只是它的危害较海洛因小,而且长期服用也会造成吸毒者神经功能的损害,对吸毒者的行为和认知造成损伤,加上海洛因本身复吸率极高,吸毒者很容易在面对海洛因时抑制不住对其的渴望和冲动而选择再次吸食。针灸常用于疏通血脉,刺激血行,使血液畅通,同时具有镇痛效果。随着中医药事业的迅速发展,研究发现针灸对人体神经功能有一定作用,并且可用于毒品的戒断治疗。

资料4:新型合成毒品滥用者戒治方法①

新型合成毒品滥用者呈现多元复杂特征,戒毒场所在开展新型合成毒品滥用者戒治过程中,面临的困难和挑战重重。鉴于传统戒治技术方法有其局限性,因而探索适应新型合成毒品滥用者戒治的新技术新方法显得尤为重要而紧迫。建议运用“分类+组合”的新型康复干预戒治方法体系,即推行“认知训练+生理康复+身体康复+精神康复”的综合型康复干预戒治。其中认知训练是以开展认知神经功能康复课程为主旨,训练新型合成毒品滥用者的认知能力,改善其认知功能;生理康复是通过开展神经递质前体物质的修复,达到改善多巴胺等神经

① 参见何邵军:《新型合成毒品滥用者戒治方法研究》,载《犯罪与改造研究》2021年第2期。

递质水平，提升冲动行为控制能力，降低精神症状出现的风险；身体康复是开展躯体及神经功能康复训练，达到修复戒毒人员的大脑神经损伤以及机能损害，增强执行功能和感知觉能力；精神康复是以开发戒毒人员的潜能和残存能力，达到预防复吸复发，促进回归社会。

运用新型康复干预戒治方法体系，必须坚持"资源共享、科学实施"的原则，采取技术融合、方法拓展的新思路。通过科学开展认知康复课程训练，精准实施多靶点综合干预治疗，有效开展心理康复课程训练及社会适应能力训练等戒治新技术新方法，实现戒治康复工作的高效运行。针对新型合成毒品滥用者特点，重点聚焦实施多靶点综合干预治疗。一是针对新型合成毒品滥用者病理性成瘾记忆，运用VR虚拟现实技术，拍摄仿真吸毒场景和3D数字建模。头戴虚拟现实眼镜，沉浸在再现吸毒场景之中，诱发戒毒人员毒瘾渴求，通过眼动跟踪技术、生理参数检测，量化评估戒毒人员毒瘾程度，并针对性开展厌恶治疗、脱敏治疗和回归社会康复，达到消除戒毒人员病理性毒瘾记忆的目的。二是针对因长期吸食合成毒品引起脑功能损伤(伴随抑郁、冲动、强迫等症状)，一方面采用重复经颅磁治疗技术，即通过特殊设计的感应线圈，对其脑部相关部位进行非介入、无创伤的磁刺激，调节脑功能和神经环路，实现脑部相关部位(靶点)的准确刺激。其作用机制与调节大脑皮层的兴奋性、突触结构及神经元可塑性、局部脑功能及不同脑区的功能连接等有关，以此达到精准戒毒目的。另一方面实施脑波认知干预技术，即通过计算机化的认知康复游戏训练和同步监测大脑活动，进行注意力、空间判断和决策判断训练，通过灯光、综合数据判断，提示认知康复效果，从而达到调节兴奋感觉体验，缓解异常情绪，恢复认知功能。三是针对新型合成毒品滥用者常见的情绪障碍和心理认知偏差，开展智能心理矫治训练，即通过包括双手协调仪、手指灵活仪、动作稳定仪、逻辑思维仪等精细化操作训练，刺激大脑皮层，增强戒毒人员情绪稳定性和职业心理机能。四是针对新型合成毒品滥用者生理机能退化，采用运动戒毒抑瘾技术，即运用自主开发的“步态平衡训练仪”，通过开展太极康复操、健心康复操、广播体操、舞龙舞狮、有氧搏击操、花式跳绳等运动项目，增强他们的自我控制能力和刺激大脑奖赏环路，提高内源性戒毒动机，有效提高戒毒人员身体机能。五是针对新型合成毒品滥用者“心瘾”，开展“人工智能（AI）+增强现实（AR）”戒毒评估矫治技术，即通过虚拟现实呈现成瘾物质，如注射器、打火机等相关线索的刺激，采集戒毒人员的脑电、皮肤电、心率三种生理数据，利用AI机器学习技术，深层次挖掘新型合成毒品滥用者多维度的生理数据，建立科学模型，实现对毒瘾渴求的量化预测；AR系统将增强现实技术与系统脱敏技术相结合，把新型合成毒品滥用者暴露在与吸毒相关的线索场景中，逐级加强线索暴露强度，再配以系统性的放松训练，逐步让心瘾降低，达到脱敏效果，从而将毒瘾渴求通过生理指标进行量化评价和系统脱敏训练，实现逐步让新型合成毒品滥用者从心理上戒断毒瘾。

问题3 张三在戒毒医疗机构接受的戒毒药物维持治疗，是每个吸毒人员都能接受的吗？

回答：戒毒药物维持治疗是指从事戒毒药物维持治疗工作的医疗机构选用适宜的药品对阿片类物质成瘾者进行长期维持治疗，以减轻他们对阿片类物质的依赖，促进身体康复的戒毒医疗活动。

戒毒药物维持治疗不是每个自愿戒毒人员都能接受的。首先，能够申请戒毒药物维持治疗的自愿戒毒人员需要满足以下条件之一：年满18周岁的有完全民事行为能力的阿片类物质成瘾者；未满18周岁但采取其他戒毒措施无效且经其监护人书面同意的阿片类物质成瘾者。其次,申请者如果有治疗禁忌症的,待治疗禁忌症痊愈后才可以申请参加维持治疗。最后,需要申请者本人向维持治疗机构提出申请并登记,申请需提交的资料包括个人身份证复印件、吸毒经历书面材料和相关医学检查报告。提交申请后等待维持治疗机构的书面告知。如果申请通过,则申请者需要与维持治疗机构签订自愿治疗协议书。

——法律链接——

《戒毒条例》(2018年9月18日发布)

第十二条　符合参加戒毒药物维持治疗条件的戒毒人员,由本人申请,并经登记,可以参加戒毒药物维持治疗。登记参加戒毒药物维持治疗的戒毒人员的信息应当及时报公安机关备案。

戒毒药物维持治疗的管理办法,由国务院卫生行政部门会同国务院公安部门、药品监督管理部门制定。

《戒毒药物维持治疗工作管理办法》(2015年2月1日起施行)

第二条　本办法所称戒毒药物维持治疗(以下简称维持治疗),是指在符合条件的医疗机构,选用适宜的药品对阿片类物质成瘾者进行长期维持治疗,以减轻他们对阿片类物质的依赖,促进身体康复的戒毒医疗活动。

本办法所称戒毒药物维持治疗机构(以下简称维持治疗机构),是指经省级卫生计生行政部门批准,从事戒毒药物维持治疗工作的医疗机构。

第三条　维持治疗工作是防治艾滋病与禁毒工作的重要组成部分,必须坚持公益性原则,不得以营利为目的。

维持治疗工作应当纳入各级人民政府防治艾滋病与禁毒工作规划,实行政府统一领导,有关部门各负其责,社会广泛参与的工作机制。

第八条　维持治疗机构对符合条件的申请维持治疗人员按照规范提供治疗及综合干预服务，并按规定开展实验室检测、信息管理等工作。

维持治疗机构应当与社区戒毒和社区康复工作机构相互配合，对正在执行社区戒毒、社区康复的治疗人员，开展必要的社会心理干预等工作。

第十八条　维持治疗使用的药品为盐酸美沙酮口服溶液（规格：1mg/ml，5000ml/瓶）。

配制盐酸美沙酮口服溶液的原料药实行计划供应，由维持治疗药品配制单位根据实际情况提出需用计划，经国家食品药品监管总局核准后执行。

第十九条　经确定的维持治疗药品配制单位应当按照国家药品标准配制盐酸美沙酮口服溶液，并配送至维持治疗机构。

第二十二条　年龄在18周岁以上、有完全民事行为能力的阿片类物质成瘾者，可以按照自愿的原则申请参加维持治疗。18周岁以下的阿片类物质成瘾者，采取其他戒毒措施无效且经其监护人书面同意，可以申请参加维持治疗。

有治疗禁忌症的，暂不宜接受维持治疗。禁忌症治愈后，可以申请参加维持治疗。

第二十三条　申请参加维持治疗的人员应当向维持治疗机构提供以下资料：

（一）个人身份证复印件；

（二）吸毒经历书面材料；

（三）相关医学检查报告。

维持治疗机构接到申请人提交的合格资料后5个工作日内，书面告知申请人是否可以参加治疗，并将审核结果报维持治疗机构所在地公安机关备案。

第二十四条　申请参加治疗的人员应当承诺治疗期间严格遵守维持治疗机构的各项规章制度，接受维持治疗机构开展的传染病定期检查以及毒品检测，并签订自愿治疗协议书。

第二十五条　维持治疗机构应当为治疗人员建立病历档案，并按规定将治疗人员信息及时报维持治疗机构所在地公安机关登记备案。

第二十六条　符合维持治疗条件的社区戒毒、社区康复人员，经乡(镇)、街道社区戒毒、社区康复工作机构同意，可以向维持治疗机构申请参加维持治疗。

问题4　张三自愿接受戒毒治疗，会在公安机关留下案底吗?

回答：不会。因为吸毒不是犯罪，所以吸毒后自愿戒毒并不会在公安机关留下受刑事处罚的案底。根据法律规定，自愿接受戒毒治疗的不予行政处罚，所以也不会在公安机关留下行政处罚记录。不过，在戒毒医疗机构进行戒毒药物维持治疗的，戒毒机构需要将已登记的戒毒人员基本信息送公安机关备案，公安机关会将吸毒人员信息录入动态管控系统，未来3年内在车站、酒店等公共场所将面临公安机关的不定期上门盘查或尿检。

——法律链接——

《戒毒条例》(2018年9月18日发布)

第四条　县级以上地方人民政府设立的禁毒委员会可以组织公安机关、卫生行政和负责药品监督管理的部门开展吸毒监测、调查，并向社会公开监测、调查结果。

县级以上地方人民政府公安机关负责对涉嫌吸毒人员进行检测，

对吸毒人员进行登记并依法实行动态管控，依法责令社区戒毒、决定强制隔离戒毒、责令社区康复，管理公安机关的强制隔离戒毒场所、戒毒康复场所，对社区戒毒、社区康复工作提供指导和支持。

设区的市级以上地方人民政府司法行政部门负责管理司法行政部门的强制隔离戒毒场所、戒毒康复场所，对社区戒毒、社区康复工作提供指导和支持。

县级以上地方人民政府卫生行政部门负责戒毒医疗机构的监督管理，会同公安机关、司法行政等部门制定戒毒医疗机构设置规划，对戒毒医疗服务提供指导和支持。

县级以上地方人民政府民政、人力资源社会保障、教育等部门依据各自的职责，对社区戒毒、社区康复工作提供康复和职业技能培训等指导和支持。

第十条　戒毒医疗机构应当与自愿戒毒人员或者其监护人签订自愿戒毒协议，就戒毒方法、戒毒期限、戒毒的个人信息保密、戒毒人员应当遵守的规章制度、终止戒毒治疗的情形等作出约定，并应当载明戒毒疗效、戒毒治疗风险。

第十二条　符合参加戒毒药物维持治疗条件的戒毒人员，由本人申请，并经登记，可以参加戒毒药物维持治疗。登记参加戒毒药物维持治疗的戒毒人员的信息应当及时报公安机关备案。

戒毒药物维持治疗的管理办法，由国务院卫生行政部门会同国务院公安部门、药品监督管理部门制定。

问题5　自愿戒毒一般是如何收费的？是根据吸了多少毒、吸了多久毒来收费吗？

回答：自愿戒毒的费用不是按照吸毒时间长短和吸的多少来收费的。戒毒费用会因为所在地区、戒毒医院、吸毒人员个体情况的不同而有些差异。戒毒费包括身体检查、综合处置、治疗、药品、床位、生活费等戒毒期间的全部费用。影响费用数额的因素一般包括吸食毒品种类、吸毒时间长短、个人身体素质、个人戒毒的意愿和决心、药物种类、理疗项目、心理治疗项目等。

——法律链接——

《湖北省财政厅、省物价局关于戒毒收费有关问题的通知》(鄂财综发〔1998〕1017号,1998年8月31日起施行)

为加强戒毒场所管理,进一步做好吸毒人员的脱瘾治疗和康复工作,根据中共中央〔1997〕5号文件、国务院《强制戒毒办法》和《湖北省戒毒管理办法》的有关规定,公安机关建立和管理的强制戒毒所、按国家有关规定设立的劳教所和经批准对自愿戒毒人员进行戒毒脱瘾治疗的医疗机构,在对戒毒人员实施强制戒毒或对自愿戒毒人员进行戒毒脱瘾治疗时,可对戒毒人员或其家属收取戒毒费用。现将有关事项通知如下:

一、戒毒费包括身体检查、综合处置、治疗、药品、床位、生活费等戒毒期间的全部费用。

二、强制戒毒人员在院(所)戒毒期限不得少于三个月;自愿戒毒人员在院(所)的戒毒期限不得少于一个月。不得加收。

三、戒毒收费属事业性收费,所收费用按预算外资金,纳入财政专户管理。

四、收费票据使用由省财政部门统一印制的票据。

五、戒毒收费标准由省物价、财政部门另行下达。

六、戒毒场所收取戒毒费用,应严格按照国家和省有关规定执行,禁止超范围、超标准收费。其收费管理应接受财政、物价、审计部门的监督。

《湖北省物价局、省财政厅关于戒毒收费标准问题的通知》(鄂价费字〔1999〕19号,1999年1月1日起施行)

根据国务院《强制戒毒办法》(第170号令)和省政府《湖北省戒毒管理办法》(第147号令)及《省财政厅省物价局关于戒毒收费有关问题的通知》(鄂财综发〔1998〕1017号)规定,结合我省实际情况,现将戒毒收费标准等有关问题通知如下:

一、按国家规定经批准设立的强制戒毒所、劳教戒毒所、戒毒脱瘾治疗机构在对戒毒人员实行强制戒毒和戒毒脱瘾治疗时,可向戒毒人员或其家属收取戒毒费用。全省戒毒收费最高限额为:强制戒毒(不少于三个月)每人不超过4000元;自愿戒毒(不少于一个月)每人不超过2500元。具体收费标准由各市、州、省辖市、林区物价局、财政局结合当地戒毒机构实际情况和当地有关医疗收费标准在省定最高收费限额内确定并报省物价局、财政厅备案后执行。

二、戒毒有关费用组成按省财政厅、省物价局鄂财综发〔1998〕1017号文件第一条规定执行。

三、本通知规定的最高收费限额各地一律不得突破,也不得加其他任何费用。各戒毒机构在实施收费前必须到物价部门办理《行政事业性收费许可证》,接受物价、财政部门的检查、监督。